PHP
Business Shinsho

40代からの筋トレこそ人生を成功に導く

Testosterone

PHPビジネス新書

はじめに

おう、お疲れ。俺だ。Testosteroneだ。まずは自己紹介させてくれ。日本生まれアメリカ育ち、今はアジア圏をウロウロしながら会社を経営しているピチピチの36歳だ（2025年4月現在）。日本語に加え、英語と中国語を話すことができるトライリンガルだ。

筋トレの虜《とりこ》となったのは、アメリカの高校に留学して以来だから、すでにダンベルちゃんとは20年ぐらいのお付き合いになる。学生時代は筋トレのほかにも総合格闘技と出会い、州のチャンピオンシップ一歩手前まで無敗で上り詰めた。

ここ10年間ぐらいは日本に筋トレという素晴らしい文化を広めるべく、X（旧ツイッター）やYouTubeなどで筋トレの魅力や筋トレから得た人生の気づきを発信している。お陰様で合計フォロワー数は220万人を突破（2025年4月現在）。さらに、筋トレをオススメするだけでは不親切だと思い、世界最強の筋トレアプリ「OW

N.」まで作ってしまった。

さて、Xや書籍、YouTubeなどで筋トレの素晴らしさを何年も発信し続けて、しまいには筋トレアプリまで作ってしまったと言うと、よく聞かれることがある。

「何のために鍛《きた》えてるんですか？」

「筋トレをして、いったい何を目指してるんですか？」

世間の筋トレに対するイメージは、「筋肉を鍛えるもの」とか、せいぜい「運動不足やストレスの解消法」といったものだろう。だが、筋肉増強やストレス解消なんて筋トレによって得られる恩恵のほんの一部分でしかない。

筋トレの最大のメリットは **〝筋トレを通して「人生の本質」を学ぶことができる〟** ということだ。「このおっさんは気が狂ったのか……」と思われそうだが、俺は大マジだ。実は、何を隠そう、この俺の人生も筋トレに出会って変わったのだ。

日本で生まれ、高校2年生の途中まで日本で過ごしたのだが、学校生活で褒《ほ》められた記憶が一切ない（笑）。勉強もスポーツもダメ。体重は小6の時点で84kg。運動とも無縁で高校1年生の終わりには体重が110kgを突破。我ながら恐ろしく平凡な、いや、恐ろしくダメな生徒だった。

そんな俺だったが、アメリカに渡り筋トレと出会ってから、人生が180度変わることになる。体はシェイプアップし、勉強の成績もぐんぐん上がった。そして、日々を前向きに、パワフルに生きるようになった。これは決して偶然ではないし、「Testosteroneだからできたこと」でもない。筋トレに出会い、俺のなかで何かが決定的に変わったのだ。筋トレから、人生を決定的に変える何かを学び取ったのだ。

この本では、その〝決定的な何か〟を徹底的に解説していく。

そして、断言させていただくが、その〝決定的な何か〟を学び取るのに、年齢など関係ない。筋トレの素晴らしいところは、筋トレの恩恵は50代でも60代でも70代でも、なんなら80代だって受けられるということだ。40代でも間に合いますか？　と聞かれたら俺はこう答えるだろう。

「40代？　間に合うどころか適齢期でしょ！　40代で筋トレに出会えたあなたはラッキーだ！　これから人生が劇的に良くなるぞ！　あなたの人生は、〝筋トレ以前〟と〝筋トレ以降〟に分断されて、これから凄《すさ》まじい成長が待っているぞ！」

と。ってか、今まで40数年間、よく筋トレなしでやってこれたな！　逆にそこにビックリだわ！　俺は筋トレなしじゃ人生やってこれなかったから、あなたはものすごいポテンシャル持ってるよ！　それに加えて筋トレまで始めたら、多分マリオのスター状態になっちゃうぞ！　しかも、40代と言えば体力的にも経験値的にも最も脂《あぶら》の乗っている最高の時期だ！　この時期に筋トレを取り入れることにより、あなたの人生は爆発的な飛躍を遂げるだろう！　正直、俺は〝筋トレ〟という切り札をまだ隠し持っているあなたが羨《うらや》ましいぜ！　俺は10代のときにもう使っちゃったからな！

ちなみに、人生１００年時代の昨今《さっこん》では50代も60代もヤングなので、その年齢から始めてもめちゃくちゃ恩恵を受けられるぞ！　ってか、もう年齢とか関係なしに全人類今すぐ筋トレしたほうがいい！　絶対いい！　……ごめん、ちょっと熱くなっちまったぜ。

さて、この本は2章立ての構成になっている。

前半は、**筋トレをすることによって自然と享受《きょうじゅ》できる日々のメリット**について。筋トレがどのようにしてビジネスや人間関係、メンタル面など、実生活に好影響を及ぼし、人生を最高に楽しいものにしてくれるかを解説した。

そして、後半では**筋トレから学べる人生の本質**について余すことなくお伝えしている。筋トレ人生哲学とでも名付けようか。筋トレで筋肉だけ鍛えていてはもったいない。「筋トレ人生哲学」を意識して筋トレに臨めば、あなたは筋肉とともに人生力も鍛え上げることができ、あなたの人生は豊かで実りあるものになっていくことを俺が保証しよう。

さあ、始めるとしようか。

目次●40代からの筋トレこそ人生を成功に導く

第1章 筋トレライフハック！

仕事編

人間関係編

メンタル編

クオリティ・オブ・ライフ編

第2章 筋トレで学べる、人生の本質

「人生の本質」は筋トレに学べ …… 130

準備編

目標は不可欠である …… 133
何事も目標を立て、そのプロセスを描くことが重要である

情報は武器である …… 138
行動を開始する前に徹底的に情報を集めることが勝利への近道である

緊張しない唯一の方法は圧倒的な努力 …… 143
緊張は力で捻じ伏せられる

言い訳は何も生まない……148
言い訳する暇があったら改善するために行動する
時間を無駄にしてはいけない……153
時間は誰しもが持つ最も貴重な資産である。有効活用せよ

実践編
成長とは限界を突破するということ……158
ワンモアレップの精神が、あなたの人生を飛躍的に成長させる
成長に痛みはつきものである……163
成長と痛みはセットである。痛みに慣れろ
成長は快感である……168
努力は苦しいものじゃない、楽しいものだ

スランプ編

スランプは必ずやってくる……172
焦るな、努力とスランプはセットだ

成長を続けるためのテクニックが存在する……177
努力のテクニックを筋トレから学べ！

ライバルは昨日の自分である……182
他人と比べる必要はない。昨日の自分を超えていけ！

成功編

継続のみが力なり……186
継続抜きの成長、成功はこの世にない

※本書は２０１８年にＰＨＰ研究所から発刊された『筋トレは必ず人生を成功に導く』を大幅に加筆・修正し、改題したものです。

第1章

筋トレライフハック！

仕事編

仕事の効率を上げたいなら筋トレ！

効率的な筋トレの流れと、効率的な仕事の流れは同じである

ということで、前半部分では、筋トレがいかにあなたの日常生活に役立つかをお伝えしよう。いうなれば、筋トレをマスターすることで自然と身に付き、人生においても役立つ〝筋トレライフハック〟である。

まずは、人生と切っても切れない「仕事」。

書店に行けばさまざまな本が並んでいるが、仕事に悩めるビジネスパーソンは多いのではないだろうか？　そうやって仕事で悩んでいるあなたに断然オススメなのが筋

トレだ。書店に並んでいる、外資系コンサルタントや実業家らが伝授するテクニックもいいが、まずは筋トレをしてみてくれ。

え⁉　アスリートや肉体労働者ならまだしも、ビジネスパーソンには関係ないって？　いやいや、これが関係しまくっている。もったいぶっても意味はないので、結論から言ってしまおう。

筋トレを行う一連の流れは、仕事を行う一連の流れと驚くほど一致しているのだ。

例えば、〝優先順位の付け方〟。仕事ができるビジネスパーソンの条件のひとつが「優先順位の付け方が上手いこと」だ。

当然だが、仕事には優先して取り組むべき作業と、そうではないものが存在する。プロジェクトの骨組みとなるような部分は、優先的に取り組まないといけない。多くの人が関わっている仕事、特にあなたの工程が終わらないと後のスケジュールが進められない案件ほど優先すべきだ。

だが、そういうことにまで配慮が及ばず、目先の作業をこなすことで手一杯になってしまう人がいる。仕事ができるという評価を得たければ、与えられた仕事をコツコツとこなすだけでは不十分である。

一方、仕事の要領がいい人は、重要な作業から優先的に取りかかっていく。仕事やプロジェクトの全体像をしっかり捉え、残り時間を計算しながらこなしていく。「限られた時間のなかで、最大のアウトプットを出すにはどうすればよいか？」を常に念頭におき、仕事をするのだ。

日本の年功序列の時代はもうすぐ終わる。会社では、与えられた仕事をコツコツとこなすだけでなく、**自分の頭で考え優先順位をつけて仕事をこなしていける人が重宝《ちょうほう》される**し、昇進の対象となっていくだろう。現に経済大国のアメリカも中国も、年齢など関係ない。完全な実力主義だ。最近では日本企業でも年齢に関係なく、実力次第ではいきなり重要ポストに大抜擢なんていうケースが増えてきたように思う。

超多忙ななかで、いかに効果を最大化するか

では、本題に移ろう。優先順位の付け方と筋トレがどう関係してくるのか。実は、筋トレにも優先順位がある。筋トレから最大の効果を得たいとき、とりあえずやってみるのはナンセンスだ。絶対にダメとは言わないが、効率面で見るとどうしても悪くなってしまう。

やはり、効率的に行うには、まずネットや本でリサーチしたり、プロのトレーナーに聞くことが鉄則。そうやって調べていくと〝見えてくるもの〟がある。例えば、筋トレのメニューで言えば、まずは「ビッグ３」（スクワット・デッドリフト・ベンチプレス）が効率的ということ。このビッグ３は大きな筋肉をメインに鍛えながら、連動する他の筋肉も鍛えることができる「王道中の王道」と言われるメニューだ。また、筋トレにおいては、トレーニングそのものより、食事や睡眠のほうがより重要であることもわかる。トレーニングも欠かせない存在だが、割合で言えば「食事５：睡眠

3：筋トレ2」というくらい他の2つの要素が重要になってくる。

筋トレに割ける時間は限られている。そういうことを考えずに、ビッグ3ではなくダンベルカールや腕立て伏せなどの最も効率的とは言えないトレーニングばかりやるのは要領が悪い（とは言え、日常に筋トレを取り入れようという姿勢は素晴らしい！）。食事や睡眠をおろそかにしていては筋トレの効果なんてほとんど得られない。

リソースが限られたなかでどう効率的に筋トレの効果を最大化するか。そう考えると、まずはビッグ3を中心にメニューを組み立て、食事や睡眠の質にこだわろうということになる。

優先順位をつけ、大切なものから確実にこなしていくことで、前者と後者では結果に天と地ほどの差が出る。

話を仕事に戻そう。超多忙ななか、限られた時間内でどう効率を上げていくか。やはり優先順位をつけることがカギとなってくる。そのとき、**筋トレを効率的に行**

うために思考錯誤した経験が、仕事でも生きてくる。「筋トレにも効率的なやり方があるんだから、仕事にも効率的なやり方があるに違いない」と自然と考えられるようになることが大切だ。

筋トレで優先順位の大切さを身をもって経験しているからこそ、仕事における優先順位の大切さが理解でき、筋トレ同様、最も効率的なやり方で仕事を行おうとするようになる。

俺が常々「マッチョは仕事ができる」と豪語している理由である。

タイムマネジメントを極めたいなら筋トレ！

筋トレが生活に規律を与え、あなたをタイムマネジメントの達人にする

ビジネスパーソンは、1日24時間という限られた時間のなかで、十分な睡眠や仕事の時間を確保しないといけない。残された時間は意外と少ない。そのなかで食事や移動、趣味、将来のための自己投資の時間まで確保しようとすると、当然時間が足りなくなる。40代だと管理職も多いかもしれない。プレイングマネジャーで、家庭もあったりすると、ますます時間が足りないだろう。

そんな、「時間がない！」と常に思っているそこのあなた！　そんなあなたにオス

スメしたいのが筋トレだ。

ただでさえクソ忙しい毎日だろう。きっと筋トレを予定に加える余裕なんてないはずだ。だからこそ、あえて筋トレを加えてみてくれ。

しっかり筋トレするなら1時間は必要だ。今の生活からさらに1時間捻出《ねんしゅつ》しないといけないわけだからもっと忙しくなるし、カツカツになるだろう。

ここで「忙しいからジムに行けない！」と言い訳するのは簡単である。でも、それを言ったらおしまいだ。

ここで言い訳せず、**筋トレを予定に捻《ね》じ込み、その日の帳尻《ちょうじり》を合わせようとすることで、あなたのタイムマネジメント能力は飛躍的な成長を遂げる。**

会社が休みで特に予定もない土曜日。目が覚めたら昼過ぎだったなんて経験、誰もがしたことがあるはずだ。そして、「あ〜、1日を無駄にした」などと後悔したことはないだろうか。人は予定がないと、つい無駄な時間を過ごしてしまう。

だが、ここに筋トレというエッセンスを入れてみると、見違えるようにあなたの生活は変わっていく。筋トレによって予定が埋まるだけで、生活習慣が一気に固まるのだ。んなわけないって？　まあ、聞いてくれ。

あなたの1日をジグソーパズルだとイメージしてみてほしい。通常、パズルをするときは、端っこからはめていく。そして、1つのピースがはまると、あとはそこを起点にして一気にパズルが埋まっていく。筋トレは、あなたの「1日のタイムスケジュール」というパズルの最初の1ピース目となる。

さっき筋トレには「食事と睡眠も大事」と言ったが、筋トレの時間さえ決まれば食事と睡眠の時間も自《おの》ずと決まる。

例えば、筋トレ時にフルパワーを発揮したり、効果を最大化するには、一般的に食事を2時間前に摂取しておくことが望ましいと言われる。そして、食事は3～4時間おきに食べるのが理想だ。同様に、理想の睡眠時間は7時間である。

するとどうだろう。**筋トレの時間を決めるだけで1日のスケジュールが**

一気に埋まっていく。

筋トレを10時に開始するとしよう。逆算していくと、10時に開始するには7時30分に起床し、８時に食事をとる。睡眠時間を7時間は確保したいので前日は24時30分にはベッドでスヤスヤ眠っていたい。筋トレ時間は60分で、筋トレ後の30分以内にプロテインと食事をとり、そこから4時間おきに食事する。こうやって予定を埋めていくと、自分のスキマ時間が明確にわかる。

使える時間が限られているからこそ、効率的に使える

そこで仕事をするのか、資格の勉強をするのか、友人と会うのかはあなたの自由だが、有効活用できる時間が明確にわかっているからこそ、その時間を最大限活用することができるのである。少なくとも、ダラダラと過ごして気づいたら日が暮れていたなんてことはなくなる。

人間は「時間を自由に使える」と思うと、時間をどう有効活用したらいいかわからなくなってしまう。結果、貴重な時間を無駄に消費してしまう。

反対に、使える時間が限られていると、そのなかで何とか帳尻を合わせようとする。質の高い時間を過ごそう、時間を効率的に使おうと意識もする。ということで、騙《だま》されたと思って筋トレをしてみてくれ。**時間の使い方が効率的になって、逆に時間が余るようになる**ぞ。

タイム・イズ・マネー。時間はすべての人間に平等に与えられた最も貴重な資産だ。筋トレを通してタイムマネジメントスキルを高め、最高の人生を送ろうではないか。

計画の実現性を高めたければ筋トレ！

計画の実現性を高めるのは下準備である。おろそかにするべからず

筋トレにおいて、下準備はめちゃめちゃ重要だ。**下準備を怠《おこた》らない人間は、確実に筋トレで成果を出す**と言っても過言じゃない。なぜかって？　下準備は、トレーニングが実行できるかどうかに大きく関わってくるからである。

人間の意志なんてものは弱い。１日の始まりに「今日は筋トレに行くぞ！」と意気込んでいても、その意志の力は時間とともに減っていく。仕事終わりに「今日は疲れたからパス」とか「明日早いからやめとこ」などと言い訳に襲われてしまう。みなさんも、そんな経験があるのではないだろうか。俺にももちろんある。

筋トレの下準備といえば、ざっと分けて3つある。トレーニングウェアの用意、トレーニング前の食事や「プレワークアウトドリンク」と呼ばれるサプリメントの摂取、トレーニング後のプロテインの準備だ。

プレワークアウトドリンクとは、カフェインなどの興奮作用を持つ成分やシトルリンなどのNO（一酸化窒素）の産生を助け、血流を促進《そくしん》し、パンプ感を高める成分のサプリメントである。

会社帰りにジムに行くと決めていたとしよう。このとき、疲れや残業など「やらない言い訳」が襲ってくる。ただでさえそんな状況だ。ここに追い打ちをかけるように、トレーニングウェアを忘れてしまったら……。ジムに行かない理由にしてしまうだろう。

あるいは、プロテインを忘れてしまったら……。「トレーニング後にプロテイン飲めないと損した気分になるからやめておこう」となってジムから足が遠のくだろう。

トレーニング2時間前の食事がとれなかったり、プレワークアウトドリンクを忘れるのも同様。トレーニング前から、仕事終わりでただでさえないやる気が、がっつり削《そ》がれてしまうのである。

下準備がおろそかになってしまうと、プランを実行する確率が一気に下がってしまう。逆に言えば、**何かを継続する鉄則は、湧いて出てくる言い訳に付け入る隙《すき》を与えないこと。**下準備を怠らないことが、誘惑に負けずジムに通うという行動につながるのだ。

それに、バッチリ下準備しておくと、ちょっとくらい疲れていても「せっかく準備したんだし、ジム行くか！」と〝行かない理由〟ではなく〝行く理由〟になってくれる。

邪魔が入ってもノルマをこなせる工夫をする

では、これを実際の生活にあてはめてみよう。「1日1時間、資格の勉強をする」という目標を立てたとする。きっと多くの人が仕事後に勉強するようにプランを組むだろう。

だが、仕事終わりの時間帯は障害物だらけだ。飲み会に誘われるかもしれないし、残業があるかもしれない。すると、プランの実現性はガタ落ちすることになる。

ではどうすればいいのか。別に飲み会に行くなとか残業するなと言うつもりはない。そうやって邪魔が入る可能性があるなら、邪魔が入っても1日1時間の勉強時間を確実に確保できるようあらかじめ下準備をしておくべきという話だ。

例えば、仕事後に勉強できないなら、いつもより早起きして朝のうちに終わらせてしまうのもありだ。この場合の下準備は〝早起き〟となる。

ちなみに、**俺はその日にしないといけない重要な作業や業務は朝のうちに終わらせておく。**もちろん筋トレも終わらせておく。

朝はやる気も体力も集中力も高い状態だし、飲み会の誘いどころか仕事の連絡も基本来ない。つまり、誰にも邪魔されることなく自分のやりたいことに取り組める自由時間ってわけだ。

早起きが苦手なら、教材を常に持ち歩くという方法もある。ランチ後や移動時間などのスキマ時間を使って勉強すれば、１時間は簡単に達成できるだろう。

いつもならだらだらスマホをいじっているその時間を使って勉強すれば、わざわざ早起きしなくても、仕事後に1時間確保しなくても、勉強時間を1時間捻出できるわけだ。電子書籍で教材を持っておくとか、最近普及してきたオーディオブックを活用するなど、工夫すればなんとでもなる。

仕事や人間関係などで時間が確保できなかったり、集中して取り組める万全な状態がなかなかないのは誰だって同じだ。そこで諦《あきら》めるのではなく、工夫してノルマをこなせ。そのときにモノを言うのが下準備だ。

このあたりの感覚は筋トレをしていれば痛いほどわかる。「よっしゃ、今日は筋トレするぞ！」と意気込んだのに、プレワークアウトドリンクやプロテインを忘れたときの絶望感ったらない（ちなみに、俺はカフェイン断ちをすると決めたのでプレワークアウトドリンクはもう飲んでない。数年前は大好きで飲みまくってた。モチベーションも上がるし）。

プロテインを忘れたことに気づかず筋トレして、終わったあとにプロテインがないときの喪失感ったらこの世のものとは思えない……。「もう、二度とお前を置いていかないよ、プロテイン！」って心に深く刻まれるから。その気持ちで、教材なども忘れずしっかり持ち運んでほしい。

自信をつけたいなら筋トレ！

自信の有無でプレゼンや営業の結果に大差が出る

自分に自信がない人に朗報だ！　悩んでいると思うが、もう悩む必要はない。自信は筋トレで手に入る。

筋トレで得られる自信は大きく分けて３種類ある。成功体験から来る自信、見た目の改善によって得られる自信、ホルモン分泌《ぶんぴつ》による自信だ。

まずは、成功体験から来る自信。**筋トレは努力を絶対に裏切らない**。仕事や勝負事は運が絡《から》んでくるので努力が実らないこともあるが、筋トレでは努力すれば必ず成功することができるのだ。

俺は常々「筋肉は裏切らない」と言っているが、これはマジである。筋トレを続けていると、以前は挙がる気配すらなかった重量のバーベルが挙がるようになる。これによって、「自分にもできる！」と思うことができる。成功体験を得るのに筋トレはもってこいなのだ。

そして、自分の限界を何度も何度も打ち破っているうちに、「自分に不可能などない！」という最強のマインドが手に入る。筋肉を成長させた経験から得られる自信は、そのまま生きる自信につながるのだ。

次に、見た目の改善によって得られる自信。人間は単純なもので、体が引き締まったり大きくなると、「自分はイケてる！」という自信が湧いてくる。それがわずかな変化であっても、だ。

高級な洋服を着ると、ものすごく気分がいいだろ？　中身は何も変わっていないのに、ファッションがイケてるだけで自信満々で堂々と振る舞えるだろ？　**筋肉は高級な洋服と一緒だ。**

筋トレをして、いい体を手に入れれば、**半永久的に自信満々で気分よく過ごせる**ってわけだ。

あなたの変化に気づくのはあなただけじゃない。まわりの人からも、「体、大きくなってない？」「最近、痩せたね」などと褒めてもらえるようになる。内から湧いてくる自信と、まわりからのフィードバックで得られる自信。２倍速で自信が増していくのだ。こんな素晴らしい自信育成メソッドは滅多にあるもんじゃない。

３つめは、ホルモン分泌による自信。筋トレをして筋肉が増え、体脂肪率が下がると、テストステロンなどのやる気や闘争心を向上させるホルモンが多く分泌されるので、「よっしゃ、やってやるぞ！」と自信がみなぎってくる。

筋トレしながら鏡に映った自分の筋肉を見ていると、「うぉー‼」って気分に勝手になるから、ああだこうだ考えずに気持ちよく筋トレしてくれ！　考えるな、感じろ。

筋トレをやって**自信がついてくると、顔つきすらも変わってくる。**不思議とキリッとしてくるんだ。しかも、自信があれば堂々と落ち着いてゆっくり話せるようになるので、声の通りもよくなる。

大きな体で、素晴らしい声を響かせれば、相手はナチュラルに信頼感を持ってくれること間違いなしだ。

反対に、自信がないと、下を向きながらボソボソと話しがちになる。早口になったり、声が浮わつくことだってあるだろう。いくら素晴らしいプレゼンの内容でも、「この人に任せても大丈夫かな?」と思われかねない。内容がまったく同じプレゼンでも、自信があるのとないのとでは大違いだ。「あと一歩で昇進なのに何かが足りない……」と感じているあなたに足りないのは、自信だけかもしれないぞ!

ビジネスの世界で物を言うのは、ロジックよりも自信

俺はこれまで、国内外含めていろいろな相手に交渉やプレゼンをしてきた。そのなかで確実に言えることは、ビジネスの世界では自信が物を言うということ。

最後の一押《ひとお》しは自信である。自信の有無《うむ》が明暗を分ける。並のビジネスパーソンは、得てして小手先のロジックで乗り切ろうとする。だが、一度や二度上手くいくことはあっても、長くは続かない。百戦錬磨の成功者ほど、一発で自信のないやつを見抜くからだ。

そして、自信のないやつは食われるのが運命。食うか食われるか、あなたはどちらの立場になりたい？

さあ、真の自信を身につけようじゃないか。やれば確実に自信がつき、相手に信頼感を与えられる筋トレ。これこそ最強の自己プロデュース術だ。答えがわかっているのに、それをやらないなんてもったいなさすぎるぞ！

体育会系の仲間に入りたいなら筋トレ！

体育会系が好かれる要素は、今からでも筋トレで手に入る

ビジネスの現場において、〝体育会系〟はめちゃめちゃ好まれる。重宝されるし、出世も早かったりする。なぜかと言うと、学閥や直属の後輩が可愛がられやすいこともあるだろうが、それ以上に、**体育会系の持つスペックに高い需要があるから**だ。

体育会系の要素をパッと書き出してみると、「縦社会に生きているので上下関係がしっかりしている、気配り上手、社交的、肉体的にタフで体力がある、打たれ強く精神的にもタフ、カラッとした明るい性格」といったところだろうか。

こうやって見ると、体育会系はやはり人事部にとって魅力的だ。体育会系を採用し

たくなる気持ちもわかる。新入社員のときなんて、能力に大した差はないし、採用試験であなたの真の実力までは測れない。体育会系が好まれるのは自然な流れだし、マネジメントする上司としてはそばに置いておきたいと思うのは当然だろう。

学業とスポーツを両立し、４年間やり通した人間たちには、やはりそれ相応の魅力があるのだ。

と、このテーマでは、別に体育会系の紹介をしたいわけではない。筋トレをすることで、あなたも「体育会系になれる」ことを伝えたいのだ（いや、まあ別に体育会系が正義！　なんて思ってないんだけど、とりあえずこのまま話を進めさせて！　笑）。

きっと、「体育会系＝大学の４年間をすべて部活動に捧《ささ》げた人」というイメージが強いだろう。しかし、そんなことはない。筋トレをすることで、今からでも体育会系になれる。なんなら**今までスポーツと無縁だった人ですら、体育会系になれる。**

冗談みたいな話だって？　俺は大マジだ。聞いてくれ。

「上下関係」

ジムではあからさまな上下関係は存在しないが、面識のない他人と接することにより、初対面の人と接する際の基本が学べる。先輩後輩云々《うんぬん》の前に、すべての人に敬意を払い平等かつ丁寧に接するという、人間関係においてもっとも基礎的で大切なことのひとつがばっちり学べる。

もちろん、体つきや年齢により、明らかな〝先輩〟も存在するため、目上の人と接する機会にも多く恵まれ、先輩とのコミュニケーションスキルも磨ける。

「気配り上手」

ジムでは数に限りあるダンベルやマシンを共有しないといけない。気配りやマナーは必須だ。また、マシンの使用後に汗を拭《ふ》くなど、細かな配慮も求められる。自然と気配り上手になっていくのだ。

「社交的」

ジムは年齢や職種など、属性がまったく異なる人だらけ。ジムによっては外国人も多い。ジムは究極の社交場なのだ。しかも、〝筋トレ〟という共通テーマがあるので、友だちの輪がごく自然に広がっていく。ジムでは社交性を鍛えることも可能。筋トレをやっていれば、自然と社交的になっていくのだ。

「肉体的にもタフで体力がある」

多くの説明はいらないだろう。肉体は見違えるようになり、運動不足も解消。筋肉の成長のために食事やサプリメントで栄養面にこだわりまくり、しっかり睡眠を取るようになる。

適度な運動と素晴らしい栄養バランス、整った生活リズムが揃《そろ》っているなかで、肉体的にタフにならないわけがない。

「打たれ強く精神的にタフ」

筋トレはしんどい。ときに逃げ出したくなるほど辛《つら》いこともあるが、そこで逃げたらおしまいだ。土壇場《どたんば》で逃げ出さない精神力も鍛えられる。
そして、筋トレは最強のストレス解消法のひとつ。肉体に加え、メンタルまでも正常な状態にキープしてくれる。そもそも誰に頼まれるわけでもなく、重い鉄の塊《かたまり》を持ち上げて自分をいじめ抜いている人間だ。打たれ弱いわけがない。

「明るい性格」

筋トレを行えば、気分ブチ上げホルモンが多く分泌される（完全合法、120％健康的）。健康的な生活を送っているため、体の調子がよくなる。ストレスが解消できる。前項で述べたように自信も育つ。性格は自然と明るくなっていく。

筋トレによって体育会系が持つ基本的なスペックがすべて手に入ったぞ！　筋トレによるメリットとして、**「体育会系」がすでに備えているこれらのスペックを手に入れられる**ことがひとつ。もうひとつのメリットが、**体育会系のコミュニティに所属できる**ことである。体育会系は、仲間意識が強く、派閥もある。社内政治にも有効なのだ。

厚い胸板、太い腕が体育会系の雰囲気を醸し出す

あなたはきっとこう思っているはずだ。「筋トレだけで、体育会系を名乗るのには限界がある」と。確かに、青春と大学の４年間を部活に捧げた人間とまったく同じではないが、「スポーツをやっていた雰囲気」さえ出せれば、体育会系に紛《まぎ》れ込むことができる。

やってきたことがアメフトなのかテニスなのか、はたまた筋トレなのかは大した問題ではない。雰囲気さえあれば、体育会系のコミュニティにほぼ無条件で入れてもらえる。雰囲気はどうやって醸《かも》し出すのか？　簡単だ、筋肉だ。40代になると体がたるむ人が多いなか、胸板が厚かったり腕が太かったりしたら、それはもう完全にあなたが筋トレをしている証拠なので、なおさらだ。

「何か運動やっていました？」と聞かれたら、体育会系認定されたようなもの。スポーツをやっていた人間の多くが筋肉をリスペクトしている。仲間に入るのなんて楽勝だ。

「体育会系ばかり優遇されてズルい！」「体育会系は苦手だなぁ」と思っている人もいるだろう。だったら自分がなっちゃえばいいのだ。筋トレがそのチケットとなる。あなたも筋トレして体育会系に仲間入りしちゃおう！

上司や取引先が怖いなら筋トレ！

精神的な余裕が手に入り、恐れる必要がなくなる

上司や取引先から怒られること。これは、ほとんどの社会人が経験することだろう。自分に非がある場合は素直に反省すべきだし、二度と同じ失敗をしてはダメだ。１回めのミスは仕方ないにしても、２回めは完全にあなたの責任。ちょっと厳しく叱られても文句は言えない。

だが、ときには理不尽に怒られることもある。あなたが悪くなくても、上司や取引先が勘違いしていたり、なかには虫の居所が悪くて怒られることもあるだろう。

残念ながら、理不尽な人間はどんな組織にも潜《ひそ》んでいる。名だたる大企業だからといって安心はできない。むしろ、大企業であればあるほど、マネジメント能力や器の

小さな人にも役職を与える必要があったりするので、理不尽な上司は一定数存在する。とんでもない取引先もある。会社間のパワーバランスやあなたの置かれた立場につけこむ輩《やから》もいるだろう。理不尽な上司や取引先は生きていれば避けられない障害なのだ。

そんなとき、あなたの一番の味方になってくれるのは誰か知っているだろうか。人事部？　優しい先輩？　同僚？　家族？　いや違う。もっと頼れる存在がいる。筋肉だ。

なぜかって？　筋トレによってパワーアップした腕っぷしで相手を締め落とせるから……というのは冗談だが、半分本当でもある。筋トレをすれば**「その気になれば相手をいつでも葬《ほうむ》り去れる」という全能感を得ることができる。その全能感が、心の余裕につながる**のだ。本当に手を出すのはもちろん禁物《きんもつ》だが、心のなかで理不尽野郎の生殺与奪《せいさつよだつ》の権利を握ることができ、恐怖感もイライラも消える。

上司や取引先からガミガミ言われているときだって、顔だけ申し訳なさそうな雰囲気を出しておけばいい。そして、心のなかでは「確かにお前のほうが立場は上だが、ここで一戦交《まじ》えたら間違いなくお前を締め落とすことができる」「一線を越えたらタダじゃおかねえ」と思っておけばいい。〝相手を生かすも殺すも自分次第〟と思えば、メンタルがめちゃめちゃ楽になるのだ。

道理が通じない相手には、道理的な思考で対処しても意味がない。要は、まじめに対応しても意味がないってことだ。でも、相手が理不尽だからといって、こっちも理不尽な態度で返すのは社会人としてＮＧだ。心のなかで、やんちゃな子どもの相手をしていると思えばいい。

大人と子どもほどの圧倒的な戦闘力の差があれば、心に余裕が生まれ、落ち着いた対応が可能だ。子ども相手に本気になる大人はいないだろう？

謝罪するときも強そうな人のほうが効果的

最後に。

万が一、仕事の不手際《ふてぎわ》で謝罪するときにも筋肉は有効だ。見るからに弱々しい人が謝るより、**ガタイの大きなやつが開口一番「申し訳ございませんでした！」とビシッと謝れば、場が収まりやすくなる。**立場がどうであれ、生物的に強そうなやつには強気に出られないのが人間だ。

逆に、弱々しい体だとネチネチ言われ続けるかもしれない。強そうな人からの謝罪のほうが、いつも謝っていそうな弱そうな人からの謝罪に比べて価値があるように感じる。比べていいものではないが、そう思う人が多いのもまた事実だ。

俺は知っているぞ、あなたがどんどん筋トレしたくなっていることを。いや、今すぐにでも筋トレしたくてウズウズしてきたはずだ。

「なぜ、筋トレしないのか？」と何か哲学的な質問を自分に投げかけちゃってる人もいるはずだ。考えてないで筋トレしよう。筋トレをして世の中の不条理を乗り切ろうじゃないか。

上司のハートをわしづかみにしたいなら筋トレ！

筋トレはあなたに究極の雑談力を与える

人間は、未知のものには強い興味と尊敬を示す。幸い、アメリカなどのフィットネス先進国に比べフィットネス参加率が低く、筋トレ文化が定着していない日本では、多くの人にとって強靭《きょうじん》な肉体、筋トレは未知の世界だ。

なぜ弁護士や医者が〝先生〟と呼ばれ尊敬されるのか考えてみてほしい。理由はたくさんあるが、そのひとつに「法律や医学に関する知識が、ほとんどの一般人にとって未知の領域だから」ということがある。自分の知らないことに詳しい人を、人は「先生」と呼び敬意を払う。実はこれ、そっくりそのまま筋トレにも当てはまる。

筋トレやサプリメントの知識は多くの人にとって未知の領域。そう、**筋トレをす**

れば、あなたも〝先生〟になることができるのだ。

どんな人にとっても体は資本だ。直接筋トレに興味がなくても、健康に興味がない人なんていない。〝肥満〟は恐らく一般人が最も懸念しているわかりやすい不健康状態だろう。「肥満は万病のもと」と言われるが、筋トレは、その肥満を防ぐのに最も効果的なアクティビティのひとつだ。**筋トレは優れた予防医学だ**とする説も多く説かれている。

その点、筋トレ好きは、体脂肪を操るエキスパートだ。例えば、ボディビルダーは「筋肉を残しつつ体脂肪を減らすこと」を生業《なりわい》としている。彼らにとって、体脂肪率20％の人を15％まで減らすなんて朝飯前。さすがにプロのボディビルダーまではいかなくても、筋トレに励《はげ》んでいると体脂肪を落とすための基礎的な知識はつくので、一般人のダイエット指導くらいは楽勝でできるようになるのである。

実はこれ、ビジネスパーソンの処世術として最強のツールになる。

例えば、ポッコリお腹が気になり始めた上司や取引先がいたとしよう（以降、ややこしいので上司ターゲットで話を進めます）。オススメのトレーニングメニューや食事メニューをまとめ、資料を作ってきたら、上司のハートをわしづかみにすることができる。

上司が太っていなくても、管理職の年代になるとゴルフをやる人もいるだろう。そんな上司に「飛距離を伸ばすには筋トレですよ。コツを教えましょうか？」と言えばイチコロだ。トライアスロンが趣味の上司に、オススメのサプリメントを教えるのもいいだろう。

さらにオススメしたいのが、上司の家族にまでターゲットを広げる手法だ。愛する奥さんが太りはじめた、最愛の娘さんがムリなダイエットで痩せすぎている、部活に励む息子さんに的確なアドバイスをして父親の威厳を見せたい……。いろんなケースがあると思うが、筋トレの知識さえあれば、何かしら役立つ情報が提供できるのだ。

下手《したて》に出たりおだてたりする必要はない。要は、上司にとって有益な存在になればいいのだ。その点、**筋トレと筋トレに付随して学ぶことになる栄養やサプリメントの知識は、最強の武器となる。**

相手は人生経験豊富な上司だ。正攻法で攻めようと思っても、ハードルはなかなか高い。並の接待や社交辞令には飽きているだろうし、ちょっとやそっとのことでは喜ばないだろう。だが、愛する家族が喜べば、どんな堅物《かたぶつ》の上司だって嬉しくないわけがないのだ。しかも、仕事以外の領域に踏み込むことで、より親密な関係を築くこともできる。死角なしだ。

筋トレは最強の「教養」である

この方法がズルい？　狡猾《こうかつ》すぎる？
何を言っているんだ。上司もハッピーだし、上司の家族もハッピー、そしてあなたもハッピー。みんな幸せで最高じゃないか。

不幸になっているのは、あなたが上司に異常に可愛がられて嫉妬《しっと》する同僚くらいだろう？　そんなやつを気にすることはない。社内政治も立派な仕事のうちだ。政治ができんやつは仕事もできん。ほっとけ。

職場では優秀な同僚たちが死にものぐるいで競争を繰り広げている。正面から勝負していると、体力がいくらあってももたない。**筋トレで得た知識さえあれば、社内政治、接待、営業は楽勝だ。上司も取引先も楽勝で虜にできる。これを「教養」と呼ばずして何と呼ぶのだろうか？**　断言しよう。筋トレは最強の教養である。

リーダーシップを得たいなら筋トレ！

部下が憧れるのは強い上司。リーダーシップは筋トレで手に入る

こんな話を聞いたことはないだろうか？　「アメリカでは、太っている人間は出世できない」と。

俺はアメリカで生活していたのでわかるが、これは紛れもない事実だ（もちろん、例外もいる）。

人の体型は食事管理と運動により自由自在にコントロールすることができる。つまり、食生活や運動習慣に関して、自分自身をマネジメントすることができれば、引き締まった体型は必ず手に入るというわけだ。少なくとも見るからに不健康そうな緩《ゆる》みきった体にはならない。

にもかかわらず、太っているのは自制心やマネジメント能力に欠けている証拠に他ならない。そして、**自分のことすら管理できない人間が、部下やプロジェクトの管理ができるわけがない**という理屈である。

実際のところ、太っていることには遺伝や環境要因など千差万別の理由があり、本来は個人の責任と断定していいものではない。そして、今からする話はルッキズムを助長するような内容に聞こえてしまうかもしれない。不快な思いをさせてしまったら本当に申し訳ないのだが、あくまでも「こういう見られ方をすることもあるかもしれませんよ」という可能性のひとつとして聞いていただきたい。

俺は肥満を個人の責任とするのも、ルッキズムにも反対だ。どうかそれだけは頭に置いて聞いてほしい。

さて、日本とアメリカとでは状況は違う。だが、「自分のことすら管理できていない人間に、偉そうに指図《さしず》されたくない」と思う部下がいるのは容易に想像がつく。そもそも、「不摂生」を絵に描いたようなだらしない体の上司に憧《あこが》れて「ついていこう！」と思う部下は少ないだろう。太っていなくても、体がヒョロヒョロで威厳のない上司についていこうと思う部下が少ないのも予想に難くないのではなかろうか？

人間は単純な生き物で、男女問わず、引き締まったカッコいい体に憧れを抱くものだ。結局、人が憧れるのは生物的に強そうな個体なのだ。

男女問わず、筋トレすれば、体が変わり、スーツがバシッと決まるようになる。なんなら、シンプルな白Tですら最高にカッコよく着こなせるようになる。そんな上司にこそ、部下は「ついていこう！」と思うものだ。体力も経験も仕事力も上の上司になら、部下は憧れを抱き、喜んでついてくる。

いい筋肉は、素敵な場所に連れていってくれる

これを読んでいるあなたも、部下を束ねる立場にあるかもしれない。もしそうじゃなくても、近い将来人の上に立つ日が来るだろう。その日のために、リーダーシップ

を強化したいよな？　だったら、迷わず筋トレをしよう。

断言するが、**リーダーシップに関する本を何冊も読み漁《あさ》るより、立派な体を作ってバシッとスーツを着こなして部下に憧れられる存在になるほうが100倍確実だし効果的だ**。進化心理学の観点から見ても、人は、自分より弱そうな人にはついていかない。自分より強そうなやつについていかないと生き残れないからね。

良くも悪くも、人は外見で他者を判断する生き物だ。人が、他者が優れているか否かを、何で判別するか？　簡単だ、筋肉だ。

人間もしょせんは動物。**目の前に立ちはだかる筋肉には、本能的にひれ伏してしまう**のだ。

男女問わず、1～2年あれば、洋服の上からでも「お、この人は筋トレしてるな？」とわかる肉体を作り上げられるだろう。それで今後数十年得するのだから、最高の投資だと思わないか？

「いい靴は、素敵な場所に連れていってくれる」という格言がある。同じように、体や着こなしがサマになれば、それに見合った行動をするようになる。まずは格好、見た目から入るのは、非常に効果的で大切なんだ。

筋肉と一緒にリーダーシップも育てよう。部下から憧れられるビッグボスになっちゃおう。

いい筋肉は、素敵な場所に連れていってくれる。

ライバルに勝ちたいときは筋トレ！

同じ土俵で戦うな！　自分の得意分野に持ち込め!!

勝ちたいライバルがいる人は聞いてほしい。「ライバル」とまではいかなくても、会社の同期や大学時代の同級生など、あなたが「コイツにだけは負けたくない！」と思う人は、少なからずいるだろう。そんな闘志溢《あふ》れる人には、ぜひ筋トレをやってもらいたい。

筋トレをすればスグにライバルを超える能力が手に入るわけじゃない。筋トレを行うことで、〝勝負事の極意〟を心得ることができるのだ。

筋トレと一言《ひとこと》で言っても、得意分野はみんな違う。ベンチプレスが得意な人もいれば、スクワットに自信がある人など、人それぞれだ。すべてに秀《ひい》でた人はなかなかいないし、何かしらのウィークポイントがあるものだ。
一度この前提に立ったところで、あらためて「相手に勝ちたいと思ったらどうするか？」を考えてみよう。例えば、ベンチプレスがめっちゃ強い人にベンチプレスで勝負を挑《いど》むのは分《ぶ》が悪すぎる。ベンチプレスがめっちゃ強い人とは、スクワットで勝負するのだ。

相手が得意とする分野ではなく、不得意とする分野で戦うこと。これを戦略という。まあ、筋トレで競う意味なんてもともとないのだが、筋トレを通じて人には得意不得意があることを理解してくれればそれでＯＫだ。

実はこの考え方は、俺が大学時代に熱中していた総合格闘技にも共通している。〝総合〟と名がつくほどなので、レスリングや柔術、ムエタイやキックボクシングなど、さまざまなジャンルから選手が集まってくる。当然、各選手が得意とする戦い方がある。

レスリングや柔道出身なら組み合いに強いし、柔術なら寝技に特化している。ムエタイやキックボクシングなら打撃に強い（昨今の総合格闘技は技術の発展が目覚ましく、オールラウンダーだらけのため、異種格闘技戦と呼べる試合はほぼないのだが……）。

こういった状況で戦うときに、**勝敗の明暗を分けるのは〝いかに相手の実力を出させないか〟ということ。**要は、相手がボクシング出身ならパンチをなるべく出させないように、柔術経験者なら寝技には持ち込ませないように戦う。自分の得意分野でのみ戦うということだ。

ちなみに、俺自身が好んでいたスタイルは金網際《ぎわ》での攻防だ。ほぼすべての格闘技において、パワーの源は腰の使い方にある。つまり、相手がどの格闘技出身であれ、腰を入れられない状態、つまり腰が金網に押しつけられた状態からは強力な技は繰り出せない。

よって、相手を金網際に押し込んでしまえば、相手の技術の大半を抑え込むことができるというわけだ。総合格闘技は野蛮な競技に見えるかもしれないが、戦術がモノを言う頭脳戦でもあるのだ。

総合格闘技に最も適応しやすいのはレスラーだったりする。主戦場の選択権を持っているからだ。寝技に持ち込みたいならタックルでテイクダウンできるし、殴り合いで戦いたいなら、相手のタックルを切ることもできる。

得意と不得意の大きな差を体で感じろ！

話を仕事に戻そう。多くの人が同僚や同期らと真っ向勝負しようとしすぎている感がある。例えば、帰国子女の同僚に英語力で真っ向勝負しても勝ち目は薄い。だが、英語力が弱いなら企画力を磨くという戦い方もある。上司のサポートを徹底し、気に入ってもらう社内政治だって立派な戦術だ。

真っ向勝負で勝つことはカッコイイかもしれないが、間違いなく熾烈《しれつ》な戦いが待っている。それなら楽に勝てる方法を選んだほうがいい。相手の得意な土俵で戦うことはナンセンスだ。

勝負に勝つ極意は筋トレと総合格闘技から学べ。仕事の世界で、ここまで考えているやつは少ない。つまり、あなたがちょっと意識するだけでライバルを皆殺し……じゃなくて、ライバルを倒せるんだ。レスラー的な立ち回りでライバルから勝利をつかみ取ろう。

あなたが主導権を握り、相手が苦手とする分野や自分が得意とする土俵に持ち込めば、どんなライバルだって叩《たた》き潰《つぶ》すことが可能だ。

今から総合格闘技に挑戦するのはハードルが高すぎるが、筋トレならできる。得意分野と不得意分野には多大なる差があることを筋トレで学びなおすのだ！　頭で考えても理解できない。体で感じろ！

人間関係編

コミュニケーション能力を鍛えたいなら筋トレ！

ジムこそ最強の社交場である

「コミュニケーション能力（コミュ力）がない」と悩む人は意外と多いはず。コミュ力を爆上げしたいならジムへ行け！

コミュ力なんて、しょせん場数《ばかず》の問題だ。芸人さんやコメンテーターなど「しゃべり」を生業とする人たちのコミュ力が高いのは、場数をこなしているから。反対に、人と接する機会が減り、コミュニケーションが減ればコミュ力は落ちていく。コミュ力が低いことを気にして、人とのコミュニケーションを避けるようになれば、コミュニケーション能力は下がっていく一方なのだ。完全な負のスパイラルに陥《おちい》っていくだろう。

つまり、コミュ力アップの秘訣……というか解決策は、より多くの人と接すること。そこで、筋トレの登場だ。

なぜかって？　都心のジムに行けば、いろんな人がいる。しかも、ある程度時間や経済的に余裕のある人が多いため、医者や弁護士、外資系エリート、商社マンなど、いわゆる〝ハイスペック〟と呼ばれる普段は接する機会の少ない人たちも多い。こういう人たちとフラットに会話できる場所はそうそうない。

市営ジムで筋トレに励む人もいると思うが、この場合は、接する人たちの年齢層が広がる。おじいちゃんやおばあちゃんたちも多い。というか、若者がマイノリティーだ（笑）。

話しづらいと思うかもしれないが、ジムに通うご老人たちは運動はもちろんのこと、実は世間話をしに来ている節《ふし》もある。ジムがひとつのコミュニティとして機能しているのだ。しかも、わざわざ体を鍛えたり運動しに来るくらいだから、ポジティブな人たちばかり。

明るい人ばかりなので、話しかければ笑顔で受け答えしてくれるし、人生経験豊富な方たちなので学ぶことも多いだろう。

さまざまな業種の人や年齢層の人とコミュニケーションが取れるのだから、こんな格好のコミュニケーションの練習場はない。つまり、**ジムは最強の社交場**だ。社会人になると友だちをつくる場所は限られてくる。でも、ジムなら友だちはつくり放題だ。

筋トレは「雑談力」と「共感力」を高める

しかも筋トレの経験自体がコミュニケーションに役立つ。理由は大きく分けて2つ。

まずは共通の話題になる。例えば、同郷出身だと初対面の相手でも話が弾《はず》むだろ？

筋トレもまったく同じだ。「どこのジムに通っているのか」「どのメーカーのプロテインを飲んでいるのか」「好きなエクササイズは？」などなど、共通の話題はいくらでもある。

最近は筋トレ人口も増えているので、共通の話題として一役《ひとやく》買ってくれるのだ。共通の話題を持っておくことは、**雑談力を高める最も簡単で有効な方法**である。

2つめは共感力を高めるということ。

コミュニケーションの基本は共感だ。人の懐《ふところ》へどれだけ入り込めるかは、いかにその人と共感できるかにかかっている。

その点、筋トレに夢中になったという経験は共感力を高める。ジャンルは違えど、何かに夢中になるという感情は、対象が筋トレであれ、鉄道であれ、アニメであれ、何ら変わりないからだ。純粋に何かが好き、何かに夢中だという経験をした者同士は、ジャンルを通り越して共感し合えるものなのだ。

共感力のジャンル越境は、性別すらも飛び越える。

例えば、筋トレオタクの男が筋トレやダイエットにかける情熱と、美容オタクの女性が美容や美肌にかける情熱は極めて似通っており、互いに互いを理解できる。求道者同士、「なんでそんなこだわるの？」とか、「なに目指してるの？」なんていう初歩的な質問は出てこないのだ。

このような理由から筋トレは、あなたのコミュニケーション能力を爆上げするのに一役買ってくれるだろう。

筋肉を鍛えるついでにコミュニケーション能力も鍛えよう！　友だちの輪も広がるぞ！

思いやる力が欲しければ筋トレ！

筋トレで手に入る相手を思いやる力は仕事や人間関係の大切な潤滑油である

仕事でも人間関係でも、コミュニケーションの肝《きも》となるのは「相手への思いやり」だ。「相手は何をしてほしいのかな？」「何をしたら喜んでくれるかな？」をベースに考えることで、あなたは、上司であれ、部下であれ、お客様であれ、友人であれ、恋人であれ、円滑《えんかつ》なコミュニケーションを取り相手に気に入られることができる。

この思いやりは、経験の有無がモノを言う。**多くの経験を積んでいればいるほど、相手の立場や気持ちがよりリアルに理解しやすくなる**のは当然だ。とはいっても、日常生活で経験できることは限られている。「また？」と思われるかもしれないが、そんなときに有効なのが筋トレだ。

経験の重要性を説くために、ひとつ例を挙げよう。ジムには「パワーラック」というラックが設置されている。高重量なバーベルを安全かつ効率的に扱うときに使用されるものだ。特にスクワットでは、１００kg以上の重量を扱うこともあるため、パワーラックは必須となる。

ジムのパワーラックは数に限りがあるため、順番待ちができることも珍しくない。そんな貴重なパワーラックでバーベルカールというメニューをしている人がたまにいる。バーベルカールはパワーラックがなくても、スペースさえあればどこでもできる。ルール違反ではないが、貴重なパワーラックでバーベルカールをすることは、他人への思いやりに欠ける行為だと思われても仕方がない。

もちろん、パワーラックでバーベルカールに励む人に悪気《わるぎ》があるわけではないだろう。だが、スクワットを本気でしたことがある人なら、「スクワットをする人のためにパワーラックは空けておこう」と自然と思えるのだ。これは、実際にスクワットをした経験がないと絶対にわからないことだ。つまり、**思いやり＝経験**なのである。

また、ベンチプレスをやることで〝貴重な経験〟を積むことができる。ベンチプレスのような高重量を扱うメニューの場合、安全面を考慮して「補助」を頼むことが多い。この補助には絶妙な加減が求められるのだ。

ベンチプレスの経験がない人は、すぐに手助けしようとするが、実は「あ〜、今のは自力で粘《ねば》って挙げたかった」と思ったりするものだ。自分がやる側も経験したことがあれば絶妙な補助ができるが、やったことがなければいい補助はできない。

このように筋トレを通して、「相手を思いやるには経験がモノを言う」ということが身をもって学べるのだ。

これを筋トレ好きの戯言《ざれごと》と思えば、そこで終了。何も成長できないだろう。まあ、筋トレをやったからといって、相手への思いやりがすぐ身につくわけではない。だが、大きなきっかけにはなる。何をするにも自分が1回経験していたら、コツや押さえるべきポイントが手に取るようにわかる。同時に、いくら想像してもわからないものはわからない。

体で経験すれば、仕事相手への想像力も上がる

仕事でも同様のことが言える。

成功者で仕事が忙しい人ほど返信が異様に速い。これは性格がせっかちというよりも、忙しい人であればあるほど、先の予定が立たないことがどれだけストレスになるかを知っているからだろう。忙しい状況を経験した人ほど、メールは即レスするし、即レスしてほしいと思っている。

反対に忙しくない人やそんな経験がない人ほど、メールの返信が遅くなる。相手のことが考えられないし、なかには「この時間にメールをしたら相手は嫌がるんじゃないかな」と間違った想像力を発揮してしまうこともある。

これが、経験値の差である。相手への想像力や思いやりは、経験値を上げていくことにより養われる。

経験の重要性を一度筋トレで体感してしまえば、人生でも必ず活きてくる。

もし自分が思いやりに欠けると思うなら、筋トレだ。

俺は今、あらためて気づいた筋トレの万能っぷりに、感動してプルプル震えている。

生涯寄り添えるパートナーが欲しいなら筋トレ！

ダンベルとなら100％の信頼関係を結ぶことができる

信頼という言葉を勘違いしている人が多い。信頼とは、「相手が自分の思いどおりに動くと信じること」ではない。「私はA君を信頼しているから！」と言うやつがいるが、それを紐解《ひもと》くと、単に「A君が不利になってでも、私にメリットのある行動をとってね！」とプレッシャーをかけているだけのケースも多い。

そんなのは信頼でもなんでもない。本当に信頼してるなら、黙っておけばいいのだ。**信頼とは本来、〝投資〟のようなものだと考えてみてほしい。**自分の時間や作業を投資して相手を信頼しても、相手が思いどおりのリターンを返すとは限らないということだ。

もしよいリターンがあればラッキーだし、期待外れの結果でも、文句を言う資格はない。信頼とは自己責任なのだ。心の底から親切にしたい、助けになりたい、相手から何も返してもらえなくてもいいと思える相手しか信頼しないに限る。そう心得ないと、悲劇が生まれる。

現実的には、相手を信頼することはとてもハードルが高い。人間は自分が一番かわいいと思う生き物だ。自分が不利になってでも、あなたの利益になることなんて基本的にはやらないものだ。

結婚という人生で最大級の契約をしても、裏切られるときには裏切られる。血のつながった親子だってそう。人を信頼するのは、めっちゃ難しいのだ。そう考えると、**人間を信頼するのは、あまり得策とは言えない**。信頼するなら、より揺るぎないもののほうがいい。

揺るぎない存在、そのひとつがダンベルだ。ダンベルは、何があっても必ずあなたを待っている。嫁が子どもを連れて実家に帰ってしまっても、あなたが長年付き合った恋人に振られても、親友だと思っていた幼なじみに騙されても、あなたがＳＮＳで炎上しても、万が一世界中の人間から嫌われても、ダンベルちゃんはあなたをジムで待ち続けている。

仕事もダメ、人間関係もダメダメダメで、「自分なんて……」と思い詰めたときですら、10kgのダンベルは10kgだ。そういう揺るぎない存在があると、精神的に安定する。世界中の誰からも相手にされなくなっても、ダンベルはあなたの筋トレに付き合ってくれる。これがどれほどの安心感につながるかわかるだろうか？　**ダンベルこそ最強の相棒だ。**信頼すべきは、ダンベルなのだ。

孤独感・喪失感に襲われても、ダンベルがあれば堕落しない

人間、孤独感や喪失感に襲われたときには、驚くほど簡単に堕落《だらく》していく。気を紛らわせるために酒やギャンブル、色恋に走りがちだ。ここに逃げ場を求めているかぎ

り、悪いループから一生抜け出せない。酒、ギャンブル、異性は人生を狂わす三大要因だ。この3つは大げさでもなんでもなく、一歩間違えるとあなたの人生を一瞬で破滅させる危険性がある。

そんなハイリスクなものに手を出すくらいなら、ジムで筋トレしたほうが断然いい。あなたの怒りや寂しさをダンベルにぶつけることで、ネガティブな感情は吹き飛んでいくし、気分が上がって前向きになる。

そう、**ダンベルというエスケープ先があるだけで、あなたは堕落せずにすむ**のだ。なんてったって、ノーリスク。筋トレは中毒になっても特に問題はない。筋トレすればするほど、ハマればハマるほどいい体になっていく。

中毒になったところで、体力には限界があるので、何時間もぶっ続けで筋トレはできない。めちゃくちゃ追い込んでスッキリして、家に帰ったら疲れて眠る。こんな健全な中毒は滅多にない。

別にダンベルや筋トレじゃなくてもいい。ひとりでできる趣味に明け暮れるのもありだが、部屋にこもる系の趣味だと孤独感が増幅するかもしれないし、運動不足では気分も落ちてしまう。その点、筋トレほど手軽にできて、精神的にも肉体的にも向上するものはない。

筋トレは運動系のアクティビティには珍しく、天候などの外的な要因を受けづらいのも特徴だ（あるとすれば、ジムの定休日）。辛いときこそダンベルに会いにジムに行き、筋トレに励んでいれば、気分も落ち着き、だんだん人生も上向いてくる。人生で辛い瞬間は、ダンベルに寄りかかれ。あなたを支えてくれるぞ。ダンベルちゃんは、**あなたの人生のセーフティーネット**なのだ。

ということで、真の信頼関係を築きたいならダンベルちゃんは絶好の相手だ。あなたもダンベルと交際しないか？

〝嫌われる勇気〟を持ちたいなら筋トレ！

自分だけの世界を持てば他人の目は気にならなくなる

「人に嫌われることが怖い」「仲間はずれにされないか不安」などと思いながら生きている人はいないだろうか？

他人の目を異様に恐れたり、気にしすぎる人が少なからずいる。なんで他人の目が気になるかと言うと、〝自分だけの世界〟がないからだ。これは学校のクラスをイメージするとわかりやすい。

義務教育時代を思い出してほしいが、学生の頃は基本的に、「自分のクラス＝世界のすべて」だ。「クラスで孤立してしまう＝世界から孤立してしまう」という図式になるので、その世界の住人＝クラスメイトに嫌われないようにするために、人目を気にするようになる。ひとたび嫌われてしまえば、まるで世界が終わったかのようなショックを受ける。

大人になって思い返してみれば、クラスなんてものすごくちっぽけな世界だ。今なら、クラスの他にもたくさんの世界が存在することがわかっているからね。でも、当時は学校生活がすべて。学校で嫌われないように、全神経を集中していたのではないだろうか。そのクセが大人になっても抜けていない人が実に多い。

大人になればさまざまな世界にアクセスしやすくなる。だが、それでもやはり小さな世界から抜け出せない人がいる。学生時代でいう「クラス」が「職場」になっているだけの人とか。すると、職場で嫌われたり、仕事で大きな失敗をすると「人生の終わり」と感じてしまう。

常に焦《あせ》りと緊張と隣り合わせで余裕がなく、ストレスも溜まる。他人の目に映る自分ばかりを気にしながら生きるのは、とても疲れるし、ストレスが溜まることなのだ。

では、そうならないためには何が必要か？　ズバリ、自分だけの世界である。そして、素晴らしい世界となってくれるのが、何を隠そう筋トレワールドだ。

筋トレは誰にも汚されない自分だけの世界

筋トレという誰にも汚されない自分だけの世界を持ち、それを軸にすることで、ストレスフリーな生活を送ることができる。

万が一、今いるコミュニティで人間関係が上手くいかなくても、ジムに帰ればいい。さっきの信頼関係のテーマとも重なるが、ジムに行けばダンベルちゃんが待っている。ダンベルちゃんは絶対に裏切らない親友であり戦友だ。そんな友が待っていれば、別に職場で嫌われたってへっちゃらなのだ。

と、半分は冗談だが、半分は本気だ。「そんなバカな……」と思われるかもしれないが、実際に**俺は筋トレが人生の軸になっているから、人目を気にすることがほとんどない**。仮に友人たちから仲間はずれにされたって、仕事で問題があったって、精神がブレることはない。誰にも俺とダンベルちゃんの仲を引き裂くことはできないからだ。人間を介するコミュニティやネットの世界に依存しなくても、十分幸せに生きていけることを知っているから、過剰に人目を気にする必要がないわけだ。

それに、ジムに行けば筋トレ好きの仲間なんて2秒でできる。だって、同じ趣味を持ってんだもん。共通の趣味を持ってるんだから、交友関係なんていくらでも広げられる。本気を出したら、１回ジムに行けば10人くらい新規の友人ができるから。これは本当だ。

こんな感じで、何があろうとジムというブレない世界さえあれば、まったく問題ない。ジムという自分だけの世界を持っておくことで、あなたは、どの世界でも自然体で振る舞えるようになるのだ。すると、別の世界でも余裕を持って振る舞えるため、逆に上手くいくことも多くなる。

「人目が気になってしょうがない」という人は、いったん落ち着いてほしい。そして、筋トレじゃなくてもいいから、自分だけの世界を確保しよう。**自分だけの世界を確保したら〝職場〟や〝クラス〟でも余裕が生まれてくる**はずだ。「最悪ひとりになっても自分だけの世界に戻ればいい」と思えば、人目など気にならなくなる。

俺の自分だけの世界は、筋トレワールドだ。筋トレワールドであなたを待ってるぞ！　ビザもパスポートもいらないからさっさと来い！

モテたいなら筋トレ！

男も女も、モテたいなら黙って筋トレ

みなさん、目をつぶってください。はい、では、「モテたい」と思っている人、正直に手を挙げてください。目をあけてください。はい、みんなのプライバシーは守りたいんですけどハッキリ言います。全員手挙げてました。ということで、全員に筋トレをオススメします。

そんなモテたくてしかたないあなたたちに、アメリカで長年言い続けられている格言を紹介しよう。それが「モテたいなら理髪店に行け。靴を磨け。シャツにアイロンをかけろ。そして筋トレしろ」というものだ。長年言い伝えられているだけあり、シ

ンプルながら見事に核心を突いている。

清潔感が必須なのは言うまでもないだろう。理髪店、靴磨き、シャツにアイロンぐらいまでなら日本でもよく聞かれるアドバイスだが、ここで注目してほしいのが筋トレだ。

4つのなかで一番重要と言っても過言ではない筋トレという要素が、日本では広まっていない。つまり、やればまわりと圧倒的な差がつき確実にモテる。

まず、筋トレをすれば体が引き締まる。引き締まった体に魅力を感じない人間はいない。これは男性に限った話ではなくレディたちにも言える。丸みを帯びたハリのあるプリケツ、キュッと引き締まったウエストにクビレ、女性的な曲線美は筋トレ（スクワットやデッドリフト）によって努力で作ることが可能なのだ。断言する。プリケツとクビレが好きじゃない男はいない。見た目の改善をキッカケに「自分イケてる」と自信がつく。自信がつけば自然と自信に満ち溢れた魅力的な表情になっていく。筋トレをキッカケに一気に見た目と雰囲気が変わるのだ。

そうやって顔や体つきが変われば、異性からの第一印象がガラリと変わる。「この人、素敵かも」と思ってもらうきっかけになる。つまり、見た目という第一関門を楽勝で突破できるのだ。

多数派ではないが、マッチョ好きな女性は確実にいる。しかも、筋肉後進国である日本ではその需要に対してマッチョの供給量が足りていないのが現実だ。つまり、**需要と供給のバランスから、マッチョは完全に売り手市場**なのだ。モテる女性は星の数ほど普通の男からアタックされているので、普通の男には飽き飽きしていることが多く、マッチョ好きが多い（じゃあなんで俺はモテないんだ？　いい加減にしておけよ！　ふさげるな！　泣くぞ！）。そして、ボンキュッボンのスタイルも、女性に筋トレ文化が広まっていない日本では大変希少である。ボンキュッボンに魅力を感じない男は人口の0・01％である（Testosterone 調べ）。

意外や意外、恐らく筋トレによるモテ効果は男性よりも女性のほうがはるかにデカいであろう。

ビジュアルに関してはこのぐらいにしておこう。だが、実は「モテない」と嘆《なげ》く人の多くはビジュアル以外に問題を抱えているケースが多い。そりゃ見た目で好きになってもらえれば一番だが、そんなことができるのは限られた一部の人間のみだ。見た目なんて第一印象で嫌悪感さえ抱《いだ》かせなければOKだ。では、モテるやつとモテないやつの違いは何なのか？　それは、自信の有無である。そして、筋トレは自信を育てる最高のアクティビティのひとつである。

いい体になればトライしまくる自信がつく

売れる営業マンにも通じるが、恋愛も営業も数撃てば当たる世界だ。積極的なアプローチができなければ、モテるモテないの以前に何も始まらない。そして、自信がないと女の子に声をかけることすらできない。会話にこぎつけても、しどろもどろしてしまう……。

残念ながら、それではモテない。それに自信がないと、「どうせ自分なんて……」とか「あの人は、もっと素敵な人のほうがお似合いだ」などと卑屈になる。相手だって卑屈な人と一緒にいると退屈だ。残念ながら、これではモテないどころか嫌われてしまう。

その点、筋トレによっていい体になれば自信がついて、異性に話しかけることに躊《ちゅう》躇《ちょ》しなくなる。場数をこなしていけば、経験値も増え、自信はさらに増していく。積極的にアプローチをしていると、相手にされないこともあるだろう。でも、自信さえあれば、「あの人とはたまたま相性が悪かっただけ」「あの人は見る目がない」とポジティブなままでいられる。

一回フラれたぐらいで落ち込んでいたら、お話にならない。アタックできる異性は星の数ほどいるんだから、トライしまくれ。「この人だ！」って異性に出会えたら、誠実にお付き合いすればいい。それまではとにかく撃ちまくるのだ。筋肉と自信がそれを可能にする。

さあ、モテたいなら筋トレだ。モテるテクニックなんて勉強するな。小手先のテクニックを学んでモテようとする姿勢がもうすでにモテない。ダンベルを挙げろ。筋肉と自信を育てろ。好きな相手ぐらい自分で見つけて自分で射止めやがれ。

メンタル編

気分、やる気、活力をアップしたいなら筋トレ！

ホルモンが分泌され、自律神経が整う。ネガティブになるほうが難しい

筋トレをすれば気分や活力、やる気がぶち上がっていく。というか、上がらないわけがない。

すでに軽く触れているが、**筋トレ（適度な運動）はさまざまなホルモンの分泌を促進する。**テストステロンやアドレナリンなどのやる気や活力アップ系のものから、「脳内麻薬」とも呼ばれるエンドルフィンやドーパミン、「幸せホルモン」と呼ばれリラックス効果のあるセロトニンなどだ。合法かつ健康的にハイになれるのが筋トレなのだ。

運動後を思い返してみてほしい。「いい汗かいたわ〜」って気持ちよくなるよな？あの爽快感《そうかいかん》こそホルモン分泌の証《あかし》である。

しかも、運動によって体に適度な疲労感を与えてやることにより、寝付きもよくなる。筋トレが睡眠の質を改善することは、研究によって証明されている。さらに、筋肉が成長するのは就寝中だから、自主的に睡眠時間を確保しようと心がけるようにもなる。体脂肪を減らし筋肉を増やすために食事管理も同時進行でやっていくから、体調もよくなる。**結果、自律神経が整い精神的にも肉体的にも余裕が生まれてくる。**心身ともに体を正常な状態にキープしてくれるのだ。

すでに十分だと思うレベルだが、筋トレの実力はまだまだこんなもんじゃない。**筋トレを続けていると、自分のことをどんどん好きになっていける**のだ。コンプレックスがある人も、筋トレで体が引き締まったり、大きくなることで自然と自信がついてくる。

筋トレの成果には自分がいち早く気づくだろう。しかも超わかりやすい。シャツの胸囲や腕周りがきつくなってきたり、ジーパンを穿《は》いたときに明らかにプリっとお尻が上がっていたりと、自分で自分の成長に気づかずにはいられない。このような視覚で確認できるものから、挙がらなかった重量が挙がった、体重が増えた／減ったなどの数字でハッキリ成長がわかるものまで、筋トレはバラエティに富んだ成長を与えてくれる。

きっとあなたは、成長を遂げるたびに「自分、やるやん♡」と自分で自分に話しかけたくなっちゃうことであろう。

その頃には他人も気づきはじめる。「あれ？　体、デカくなった？」「なんかスタイルよくなった？」という最上級の褒め言葉をもらった日には、天にも昇る気分になるだろう。

こうして自己承認と他者承認を繰り返していけば、あなたは間違いなく自分のことを大好きになってしまうのだ。自分のことを好きになれると、**人生は間違いなく楽しくなる。**

筋トレは人生を180度好転させる

人生が楽しければ気分がいい。気分がよければ明るく振る舞えるので、人間関係も円滑になってくる。「類は友を呼ぶ」というように、ポジティブな人が集まってくる。そして、ポジティブな仲間はあなたに活力を与えてくれる。

ポジティブな仲間が欲しければ、まずは自分がポジティブになることだ。そこで筋トレの登場ってわけだ。

反対に、ネガティブなことばかり言ってつまらない顔をしていると、そういう人が自然とまわりに集まってくるぞ。

活力ややる気をアップしたいなら、筋トレ。そして、人間関係を１８０度好転させたいなら、筋トレ。筋トレでポジティブスパイラルに突入するのだ！　え、まさかと思うけど、まだ迷ってる人はいないよね？

やりたいことが見つからないなら筋トレ！

最強の資本である健康な体をまずは手に入れろ

人間は変化を恐れる生き物だ。今の状況にそこそこ満足していれば、居心地のいい状況を投げ捨ててまで新たな挑戦をしようとする人間は少ない。

そして、人間は挑戦しない言い訳を見つける天才だ。「やらない言い訳」なら無限に湧いて出てくる。

英語や資格にダイエット……。「今は忙しいから」「年が明けたらやろう」などと、なかなか始められない人が多いのではないだろうか？

言っておくが、**変化を恐れる者、拒《こば》む者に待つのは破滅だ。**あなたは現状維持のつもりでも、絶対に退化する羽目《はめ》になる。時代は常に進化し、まわりも努力しているからだ。その場に立ち止まっていたら、相対的に見たらあなたは退化していることになるわけだ。

中途半端に居心地がいいと、退化していることに気づくことすらできない。気がつけば、まわりとの差が大きく開きすぎて手遅れってことにもなりかねない。いわゆる「茹《ゆ》でガエル現象」ってやつだ。

今、60代であればそのまま逃げ切れるかもしれないが、めまぐるしく変化する今の時代、40代の人はおそらく逃げきれないぞ。今と昔の40代は違う。人生100年時代だ。まだ半分以上人生が残ってる。40代は若者って言ってもいいぐらいだと思うね、俺は。

人間は常に変化しないといけないことがわかってもらえただろうか？　それが、激動の世の中を生き抜く、唯一無二《ゆいいつむに》のサバイバル術だ。一歩踏み出すことが怖い気持ちもわかる。だが、やらねばならない。何をしたらいいかわからないって？　ふっふっふっ……筋トレだ。

人間、何をするにも健康でないとフルに力を発揮できない。そう考えると、**筋トレで得られる正しい食事習慣やライフスタイル、それによって得られる圧倒的な体力というのは、何に挑戦するときにも必ず役に立つ**。何かに挑戦するとき、最強の資本となるのは体力なのだ。変化を続けるには圧倒的な体力が必要なのだ。

筋トレは、その体力を強化し、常に最高の状態に保つことができる。

今現在「チャレンジしたい」と思うことがなくても、いつか来るそのときのために、体を万全の状態にキープしておくことができる。何かやりたいことができたときに、「体力がなくて続かない」「体調が悪くてフルコミットできない」というのは避けたいだろう？

人間はいつまでも若くないんだ。30歳過ぎたら筋トレしてるやつとしてないやつで、体力の差が如実《にょじつ》に出るぞ。40歳を過ぎたら差はさらに開く。

筋トレはチャレンジに必要な一式を提供してくれる

それだけじゃない。筋トレはあらゆるチャレンジのなかで、もっとも成果や成長が見えやすい。

繰り返しになるが、仕事や資格は、がんばったからといって必ず結果が得られるわけじゃない。**だが、筋トレはやれば確実に成果が出る。**日に日に力が増し、体は屈強になる。続けていれば、若かりし頃の自分を超えるほどの体力と活力が蘇《よみがえ》ってくる。これは立派な成功体験だ。そして、人間は成功の虜となる。

小さな成功体験から成功の快感を学び、自信をつけ、この経験を元手《もとで》に次のさらなる大きな挑戦をする。そうやって、次から次へと大きな挑戦を続けていくと、大きなチャレンジに対しても、臆《おく》することなく突き進んでいくことができるようになる。いつの間にか、今のあなたが想像もしなかったような自分になれるんだ。筋トレは、そんな成功ストーリーの最高のはじめの一歩となる。

やりたいことが見つからないなら、まずは確実に役立つ筋トレをやっておこう。

芸は身を助けるというが、筋肉も身を助ける。あなたの人生のスポンサーになってくれる。お金は提供してくれないが、自信、やる気、成功体験など、何かにチャレンジするときに必要な一式を一挙に提供してくれる。これ以上心強いスポンサーはいない。

スポーツ選手が胸に企業のロゴを貼っているように、あなたも胸にでっかい胸筋をつけようじゃないか！

悩んだり、クヨクヨしたら筋トレ！

筋トレで体を追い込み、脳から悩む余裕を奪え

仕事で大失敗したり、パートナーと大喧嘩してしまうなどのショッキングな出来事が起きると、すべてが嫌になることがあるだろう。「人生、終わったわ」と自暴自棄になることがあるかもしれない。ここまで来れば、何を言いたいかわかるよな？　そんなときは筋トレに限る。ジムに行って**ダンベルを挙げていれば、クヨクヨ悩んでいる余裕すらなくなる。**

悩んでいるときは、たいていひとりっきりになる。しかも家にいて、ひとりぼっちで悩んでいると悪い方向にばかり考えてしまう。不安がさらに大きな不安を呼び、さ

も人生が終わったような絶望感に包まれる。

だが、不安や心配なんてのは、まだ起きてもいない未来を勝手に作り出すことに他ならない。そして、まだ起きてもいない問題のために、尋常《じんじょう》じゃないストレスを抱えるはめになる。

それは自傷《じしょう》行為のようなものだ。体に傷はつかないが、心は傷だらけになっている。それに、悩みなんてどれだけ悩んで苦しんだところで解決するもんじゃない。

こうやって理屈で考えると、ひとりで悶々《もんもん》と悩んでいることが馬鹿らしく思えてこないだろうか?


とはいえ、さすがの俺も悪い方向にばかり考えてしまうときもある。そんなときはジムに駆け込む。真面目な話、必死で筋トレしている間は悩みなんてどうでもよくなるのだ。いや、気を抜いたら鉄の塊に圧《お》し潰されるから、悩む余裕すらなくなると言ったほうが正しいな。体を思い切り動かすことで、脳を強制終了させるわけだ。

筋トレをしていると自然と気も大きくなってくる。ちょうど、**ヒーロー物の映**

画を観終わったあとのような謎の全能感だ。数時間前には「もう終わったわ」と思っていたことが嘘のように、「まあ、何とかなるだろ」と思えてくるのだ。

汗を流して、適度な疲労を覚え、家に帰って寝れば、たいていの問題は解決する。少なくとも「最悪な1日だったけど、体にいいことはできた」とポジティブに考えられるし、朝起きたら、たいていの悩みなんてどこかに消えている。悩みの多くはしょせん気分の問題なのだ。そして、**筋トレをしても残っているほどの頑固《がんこ》な悩みこそ、真に向き合う価値のある悩みである**と言える。

主戦場は仕事ではなく筋トレだと考えろ！

筋トレに関連して、とっておきのライフハック（工夫、裏ワザ）を紹介しよう。仕事で大きな失敗をすると、まるで人生が終わったかのように落ち込んでしまう人がいる。ほとんどの人が「仕事が主戦場」だと思っているから、こうなってしまう。

だったら発想を逆転させて、〝筋トレがメイン〟だと考えればいい。筋肉は筋トレ中に成長するのではない、筋トレをしていない休んでいる時間に回復して、成長する。その回復しているときに、〝ついでに〟仕事をするというふうに考える。仕事なんてしょせん筋トレをやっていないときの暇潰しだと考えるのだ。

上司に怒られているときだって、「ははは、この私を怒ることはできても、筋肉の超回復は止められやしない！」と思うことで耐えられるし、営業まわりしているときも「よい有酸素運動だ」と考えれば楽しくなってくる。そうすることで、仕事も有意義になるし、何より心に余裕ができる。イキイキと心に余裕を持って仕事ができれば、図《はか》らずもあなたの仕事力は向上することになるだろう。

困ったら寺に駆け込む時代はもう終わった。これからは、困ったらジムに駆け込もう。悩めるあなたを救ってくれるだろう。ダンベルを挙げればたいていの悩みは消えていく。筋トレ、最高である。

クオリティ・オブ・ライフ編

いつまでも健康でいたければ筋トレ！

健全なる魂も、健全なる肉体も、筋トレで一挙に手に入れる

人生には、金よりも仕事よりも大切なものがある。それが健康だ。豊かな暮らし、やりがいのある仕事、家族との団欒《だんらん》、そのすべてが健康の上に成り立っている。こと健康という分野において、筋トレオタクの右に出るものはいない。この際、「**筋トレオタク＝健康オタク**」と言い換えてもいいくらいだ。

筋トレオタクは体をシャープに保つためのカロリー制限はもちろん、筋肉の回復や免疫機能を正常な状態に保つために栄養バランスにも常に注意を払って食生活を営《いとな》ん

でいる（風邪で寝込むと筋肉が減るので死活問題）。食事で足りない部分は、サプリメントで補うほどの徹底ぶりだ。筋肉のパフォーマンスを保つために、こまめに水分も摂取する。

前述したとおり、筋トレより重視するほど睡眠にも気を遣《つか》っている。**筋トレオタクは「すべては筋肉のために」という信念のもと、図らずも健康状態を保つのに理想的な生活を続けている**のだ。

筋トレのストレス解消効果も見逃せない。何度も言っているが、筋トレはテストステロンやセロトニンなどのホルモン分泌を促進する。すると、活力や多幸感が得られストレス解消の大きな助けとなる。

ストレスは万病のもとと言われるくらい、ストレスが心身に及ぼす影響は大きい。ストレス社会と呼ばれる日本で生きていく上で、ストレスのはけ口を持っていないなんて、自殺行為に近いと言える。

ストレスはお酒、ギャンブル、色恋でも発散できるが、不健康な上にお金を浪費する。さっきも言ったように、酒、ギャンブル、色恋は人生を狂わす可能性の高い三大要因だ。近寄らないに限る。

その点、筋トレの場合はジムに行って自分を追い込んでプロテインを飲んで寝るだけ。なんて健康なストレス発散法だろう。

健康にしても、ストレス発散にしても、ウォーキングやヨガでもそこそこの効果を得ることはできる。だが、筋トレがより優れているのは、ゲーム性が高いこと。レベルアップしたことを身をもって実感できるんだ。これは、他のアクティビティとは比較にならない。

目標の重量を達成できれば、「もっと！　もっと重いものを！」とさらなる成長を求める。他のストレス解消法に比べて、いい意味で中毒性があるってことだ。テレビゲームで「ここをクリアしたらいったんやめよう」と思っていても、なかなかやめられないだろう？　海外ドラマで「これが終わったら寝よう」と思っても、結局次のストーリーも観てしまうだろう？　似たようなものだ。

そして、多くの人が勘違いしているが、**筋トレに運動神経は必要ない**。球技やダンスなどと違い、運動のセンスがあまり必要ないのだ。決められた動作を、決められたリズムで行うだけ。むしろ、運動未経験者にこそ筋トレをオススメしたい。

「走ったらシンドくなるし……」と心肺機能に不安を抱える人も安心してくれ。筋トレを60分すると言っても、実際は「筋トレを30～40秒→休憩2～3分→筋トレ30～40秒→休憩2～3分」という繰り返し。要は、休む間もなく体を動かし続けるってわけじゃない。

他人と競う競技でもないので、自分のペースでやればよいということも、大きな魅力のひとつだ。

老後最大の敵は筋トレでぶっ倒せ

健康といえば、誰もが避けて通れないことのひとつに〝加齢〟がある。「いつまでも若くエネルギッシュであり続けたい」というのは、誰もが持つ願望だろう。安心してくれ。**筋トレはアンチエイジングの助けにもなってくれる。**筋トレをしていれば、基礎体力は落ちないどころか、なんなら逆に向上していく。特に初心者であればあるほどその効果は如実だ。さらに、筋トレは老後最大の敵と言っても過言ではないサルコペニア（筋肉量の減少）やフレイル（社会的な虚弱）に対する最高の予防のひとつでもある。

さらにさらに、筋トレとセットと言っても過言ではないタンパク質を中心とした食生活を心がけることで、肌や髪、爪などの体組織も若返っていく。日本人の食生活にはタンパク質が足りていないことが多いが、タンパク質は筋肉、内臓、肌や髪をはじめとした人体の原材料である。十分に摂取することで、若々しい状態をキープできるというわけだ。

歳を重ねていくと筋肉量が減り、代謝が落ちてしまう。自分では「昔と変わらない食生活」のつもりでも、代謝が落ちていれば徐々に太ってしまう。筋トレはその対策にもなる。筋トレによって筋肉量を増やせば、代謝をアップすることができるからだ。そう、筋トレは加齢に逆らってあなたの体の状態を常にシャープに保ってくれるのだ。

「とりあえず生！」と同僚たちが飲み会をしている間に、「とりあえず筋トレ！」といこうじゃないか。なに、**ビールの代わりにプロテインで乾杯すりゃあいい。**トレーニング後のプロテインほどウマいもんはないぞ。

ファッションにお金をかけるよりも筋トレ！

筋肉こそ最高のオシャレである

「なんで、自分はこんな顔なんだろう」「もうちょっと身長が高ければよかったのに」……誰もが持つ悩みだろう。そうやって自分の容姿《ようし》に悩んでいる人ほど、筋トレをしてみてくれ。

生まれ持った顔のパーツやつくり、身長や骨格は変えられない。だが、体は変えることができる。

「筋トレで顔も変わる」と言ったら、あなたは信じるだろうか？　驚くなかれ、それが変わるのだ。骨格は基本的に変えられないが、顔の無駄な贅肉《ぜいにく》が落ち、筋トレによって自信がつけば、顔つきがキリッとしてくる。ダブルでいい効果があるというわけだ。

筋トレのビフォーアフター写真を見ると、**体よりも顔のほうが劇的な変化を遂げている**ことも珍しくない。

体型に関しては、言わずもがなだ。ブランド品で身を固めるよりも、筋肉をつけて体を引き締めて、どんな服でも着こなせるようになるほうが、はるかに経済的でカッコいい。ほどよく筋肉のついた体であれば、ファストファッションのシンプルなTシャツだってブランド物に見えてくる。そして、筋肉は一生モノだ。一生モノのスーツや革靴を買う人もいると思うが、その前に筋肉をなんとかしようじゃないか。それに、スーツや革靴は古くなったら買い替えればいいが、体はそうはいかない。今すぐ始めてメンテナンスしていかないと後悔することになる。コストのほとんどを莫大《ばくだい》なマーケティング費用に使うブランド品を購入して自分に金メッキを施《ほどこ》すよりも、筋トレで純金になることを目指すのだ！

身長が低くて悩んでいる人は、ぜひボディビルダーの画像を検索してみてくれ。彼らはゴツい体なので、高身長というイメージがあるかもしれない。だが、実際は160cm台の人がたくさんいる。
実は、筋肉を大きく見せるという点において、低身長のほうが有利なのだ。筋肉の大きさは筋繊維の断面積と数と長さによって決まる。要は、同じ量の筋肉なら身長が低く手足が短い人の筋肉のほうが太く見えるのだ。仮に高身長の人とまったく同じ筋量が増えた場合でも、低身長の人のほうが筋肉は太くなる。しかも、ボディビルダーの場合は、体重別で競い合う。同じ体重で比べるとき、低身長のほうが体重に割ける筋肉量は多くなるため圧倒的に有利なのだ。

身長に関して悩んだってしょうがないんだから、「低身長は筋肉が簡単に大きくなる神から与えられた才能！　ラッキー！」とでも思ってがんばろう。高身長もカッコいいが、太くてたくましい上腕もカッコいいぞ！

そうやって、コンプレックスを克服し、見た目が少しでもよくなると、他の部分にもこだわるようになる。それは、カッコいい車を買ったら細かなパーツにもこだわるようなもの。「せっかくいい体してるから、いい服を着ていい時計をして、カッコいい車に乗ってもっとカッコつけよう！」となるわけだ。結果的に、トータルで見た目の改善がなされる。

別に高級品やブランド品を身にまとう必要なんてない。筋肉さえあれば、あなたの体に合ったものを着ていればオシャレに見える。裸でもいい（※この発言はTestosterone個人の見解であり、版元の公式見解ではありません）。

筋トレをすれば美男美女にも負けない!?

この世の残酷な真実をお伝えしよう。

人間は見た目がよいとハチャメチャに得をするということだ。俺はルッキズムには反対だが、見た目がよい人間が得をするというのは否定のしようがない事実だというのは、おそらく読者のみなさんも同意してくれることだろう。悲しいかな、倫理と現実は違うのだ。つまり、あなたが美男美女ならば、その時点で大きなアドバンテージを持っていることになる。

しかし、自分が美男美女でないからといって悲観する必要はない。大切なのは、第一印象やビジュアルによって「相手から拒否される」状況を避けることだ。俺が言っているのは、顔のつくりや身長の話じゃない。清潔感などのポイントで足切りされないようにするということだ。

人間は中身が大事だ。だが、自分の中身を他人に見てもらうには、第一印象や容姿という関門を突破しないといけない。関門といってもたかが知れている。足切りされない程度の容姿は、筋トレで確実に手に入る。

あとは髪型を整え、真っ白でシワのないシャツを着る。要は清潔感を保つ、たったこれだけだ。

人は他人を見た目で判断する。そう言うと残酷に聞こえるが、足切りさえされなければなんとかなる。**「見た目で得をする」を目指すより、「見た目で損をしない」を目指すことが重要だ。**

この関門を一度通過してしまえば、あとは実力の世界。晴れて、美男美女と同じ土俵で勝負できる。そうなりゃ堂々と中身で勝負できるのだ。

見た目で損したくないよな？　中身を見て判断してほしいよな？

顔は変えられない。身長も変えられない。だが、体は劇的に変えられる。筋トレをしない手はない。

最強の護身術は筋トレ！

筋肉によって護身する必要のある状況を回避する

まじめに暮らしていても、思わぬトラブルに見舞われる可能性がある。いじめやパワハラ、クレーマーに街でたむろする不良など、世の中には危険がいっぱいだ。ボクシングに柔道、極真空手やクラヴマガ（イスラエルで考案された格闘術）、スタンガンに催涙《さいるい》スプレー……。護身術は数あれど、なかでも最も優れた護身術が何か知っているだろうか？　そう、何を隠そう筋トレだ。

厄介《やっかい》なことに、理不尽なやつほど、相手を見てターゲットを選別している。要は、弱そうで反撃してこなさそうな人が狙《ねら》われるということだ。考えてもみてくれ。もしあなたがいじめっ子だったとしたら、どんな人をターゲットにするだろうか。自分より弱そうな人間を狙うよな？

では、あなたがパワハラをするような上司やクレーマーだったら？　反撃してこなさそうな弱い人間を狙うだろう。そう。**ターゲットになるのは、十中八九、弱そうに見える人間なのだ。**

言い換えれば、反撃してきそうな人間は狙わない。しかも、パワハラをするようなやつはたいてい臆病者だ。相手の戦闘力みたいなものに、ものすごく敏感である。「相手が反撃してくるかどうか」をしっかり見極めて、反撃してこない、または反撃されても問題ないと判断した相手のみターゲットにする。

つまり、「コイツは反撃してきそうだ」「コイツに反撃されたら厄介だな！」と思わせることができたら、被害にあう可能性はガクッと減るのだ。人が他人の戦闘力を測る際にどこを重点的に見るかご存じだろうか？　そう、筋肉である。

筋肉さえあればいじめやパワハラなどの被害を未然に防ぐことができるってわけだ。

筋肉はあなたをパワハラや弱い者いじめから守ってくれる「お守り」となるのだ。

「怒らせるなキケン」という筋肉が放つメッセージは、最強のお守りだ。核兵器だってそう。あれは実際に使用して相手を殲滅《せんめつ》するためのものじゃない。「もし攻撃したら、お前んところも潰すぞ？」という威嚇《いかく》のため、つまり抑止力として保有しているのだ。

人間関係において筋肉は、核兵器の抑止力と同等のパワーを持つ。しかも、筋肉から放射能は出ない。クリーンエナジーだから安心して筋トレに励んでくれ。

最大の防御は「筋肉」という抑止力

護身術といえば、格闘技を心得るのも効果があるといえばある。だが、格闘技には最大の問題がある。それは、一戦交えるまで「あなたが格闘技経験者である」ことが相手に伝わらないことだ。

実際にケンカをすることなんてないから、実力を発揮できる機会はそう多くない。しかも、機会に恵まれたとして相手をぶちのめしてしまえば社会的なペナルティを与えられることにもなる。攻撃は最大の防御ではない。最大の攻撃は、相手が攻撃しようとすら思わないように抑止する「筋肉力」のことなのだ。


不要なトラブルを避けたいなら、デカい体や圧倒的な筋肉を手に入れろ。あなただけでなく、家族や最愛の人たちも守ることができる。愛する者を守ること、安全を確保することもあなたの大きな役目だ。

さあ、何をグズグズしている。筋トレしてステーキと大盛ご飯を食べる時間だぞ！

最強のアンチエイジングは筋トレ！

定年後の年金の心配よりも先に健康の心配をしよう

日本の平均寿命は女性だと約87歳、男性だと約81歳と言われている（厚生労働省「簡易生命表〈令和5年〉」による）。日本の平均寿命は世界でもトップクラスだが、その一方で、「〝健康寿命〟も同じか？」と言われれば、残念ながら答えはノー。日本の平均寿命が長いのは、日本の医療保険制度や延命技術がすごいからに他ならないのである。要は、寝たきりの老人がめちゃめちゃ多いだけなのだ。

65歳までガムシャラに働いて、老後を楽しもうと思ったのもつかの間、体がボロボロで病院生活なんて残酷すぎるとは思わないだろうか？

コツコツ貯めた貯金も、国から支給される年金も、医療費に消えていく。老後を楽しむどころの騒ぎじゃない。これでは何のための人生なのかわからない。

俺が住んでいたアメリカの人たちは、多忙な毎日のなかでも筋トレを欠かさない人が実に多い。それは、日々の激務に耐えうる体力づくりや健康維持、体調管理やストレスマネジメントにベストだから。彼、彼女らは現役引退後の生活まで視野に入れて人生を送っているのだ。

どれだけ金と時間があっても、体が言うことを聞かなければ人生をエンジョイすることなんてできない。彼、彼女らは、**健康が最も大切な資産である**ことを知っているのだ。


事実、アメリカのご老人はとてもパワフルだ。山登りやビーチに行ってアクティビティを楽しんだり、世界中を旅行したりと、バイタリティ溢れる老後を送っている方々が多い。

アメリカに住めば肌で感じることができるが、**アメリカには筋トレが文化とし**

て完全に定着している。

事実、アメリカの街には、フィットネスクラブが至るところに点在している。月30ドル（約4500円）以下で入れる格安だが設備の整ったジムが多く存在しており、所得に関係なく誰もが筋トレをできる社会となっている。

しかも中学や高校で筋トレの授業があるくらいだ。そんな状況だから、みんなが自然と筋トレをやっている。

逆に、日本では筋トレがまだまだ文化として定着していないが、筋トレして筋肉量をしっかり保たなければ、代謝も体力も筋肉も落ちて、パワフルな老後を送れる可能性がどんどん下がってしまう。健康寿命を延ばし、人生をエンジョイしたければ、全日本国民に今すぐ筋トレを開始することをオススメしたい。

あなたが一番若いタイミング＝「今」から始めろ！

極論を言ってしまえば、筋肉は80代になってからでもつけることができるが、若いうちに筋トレ習慣をつけるほうが断然ラクだ。体力も気力もあるから、新しいことを始めやすい。当然慣れるのにも時間がかからない。関節も健康で、痛みなども出ないだろう。早いうちから筋トレの習慣を身につけるに越したことはないのだ。

あなたのなかで一番若いタイミングっていつだろうか？　正解は「今」。だから、今すぐ始めることをオススメしたい。仕事や貯金、家族や子育てなど、人生の計画を立てていると思うが、そのなかに筋トレも組み込むのだ。

筋トレで健康寿命が延び、医療費や介護費が節約できると思えば、**筋トレも立派な資産を守る方法のひとつ**。そもそも、健康でなければいくら資産と時間があったって宝の持ち腐れだ。健康という最も貴重な資産を守れ。筋トレをするのだ。

第2章

筋トレで学べる、人生の本質

「人生の本質」は筋トレに学べ

さて、ここまでで十分筋トレのメリットがわかってもらえたと思うが、第1章の内容は言ってみれば「日常編」。オープニングアクトにすぎない。ここからお伝えする内容は、もっとためになる「人生編」。俺がこの本を通して本当に伝えたい、真のメッセージである。

突然だが、リッチ・ピアーナという伝説的な人物を知っているだろうか。彼はYouTubeやSNSでカリスマ的な人気を誇っていた元ボディビルダーセレブリティだ。ステロイドの使用を公言していたので賛否両論あったし（俺は当然反ステロイドだ。筋トレにどれだけハマっても手を出すなよ！）、残念ながら2017年にこの世を去ってしまったが、現時点で彼のYouTubeチャンネルの登録者数は130万人を超えている。そして彼は生前、常々こんなことを言っていた。

「ボディビルを通して学んだこと、ボディビルでやっていること、これらをほんの少しでも人生に応用すれば、君は確実に人生の勝者になれる」

「筋肉にかける情熱をビジネスにかけてみろ。絶対に成功する」

ボディビルダーは、24時間365日、常に自分を管理し、努力し、毎回のトレーニングでは限界を超えている人間だ。普通の人間とは精神力が違う。そして、ボディビルダーたちは知らず知らず、〝修行〟とも言えるライフスタイルをこなすうちに〝人生の成功の本質〟も学んでいるというのだ。その本質をビジネスや勉強など、あらゆることに少しでも応用すれば、野望を叶《かな》えることなど容易《たやす》いという主張である。俺も100％同意だ。

筋トレを通して学べる〝人生の成功の本質〟とはいったい何なのか？　後半では、その本質について説明していきたい。

人生の本質なんて、本来は人生の後半ぐらいでやっとつかめるものだろう。だが、筋トレであれば開始後わずか1〜2年で学べてしまう。そして、筋トレで一度本質をつかんでしまえば、他の人よりも何倍も効率よく人生を生きられるのだ。本質を心得ているのだから当然だ。さらに、筋トレを通じて「逆境」や「壁」にぶつかる予行練習をしておけば、人生で同じようなことが起きても、焦ることなく対処できる。

俺は日本に筋トレを広めることをライフワークとしているが、それはただ単に筋トレをしてスッキリしてもらいたいだけじゃない。物事の本質を学ぶことができ、そこで得た知識や経験を人生でも活かしてほしい。そして、ひとりでも多くの人によりよい人生を謳歌《おうか》してほしいと思っているからだ。

すまん、前置きが長くなった。さあ、準備はいいだろうか？　よっしゃ、後半戦だ。気合い入れていくぞ。

準備編

目標は不可欠である

何事も目標を立て、そのプロセスを描くことが重要である

一般的に、筋トレをするときには「目標」を決めてからスタートする。その目標は、バルクアップ（筋肉の増量）の人もいれば、ダイエット目的の人、ベンチプレスを１００kg挙げるのが目標の人や、他の運動のパフォーマンス向上という人もいる。いずれにせよ、何かしらの目標を持ち、目標を達成するためのプランを組んでいく。

その一方で、筋トレを始めるときに「とりあえず」やってみる人もいる。ああでもないこうでもないと言いながら、いろいろなエクササイズや食事法を試す。筋トレを

始めたその行動力は大いに褒め称《たた》えたいが、効率性で見ると褒められた行為ではない。

効率を求めるなら、目標は不可欠だ。

理由はシンプルだ。最初の目標がしっかりしていないと、カロリー設定も筋トレメニューの組み方も、期間もわからない。つまり、目標がなければプランの立てようがないのだ。

しかも、正しい方向に進んでいるのか、努力の結果が出ているのかすらもわからない。本人はせっかく努力しているつもりでも、時間を無駄に過ごすことになってしまう。

ダイエットを例にとってみよう。あなたの体重が75kgで、3カ月後に70kgまで体重を落としたいとしよう。この場合の目標は、3カ月で体脂肪を5kg落とすこととなる。体脂肪を1kg落とすには約7000kcal、5kgなら約3万5000kcalを余分に消費する必要がある。これを3カ月で割ると、「3万5000kcal÷90（日）＝約400kcal」。つまり、1日あたり、おおよそ400kcalを余分に消費すれば目標が達成できる。

ただなんとなく「痩せたい！」と思っていても、何をどれくらいがんばればいいかわからない。だが、こうやって**目安《めやす》がわかれば、あとはゴールから逆算していけば、自ずと道は見えてくる**のである。

人生の時間を無駄にしている余裕はない

これをそっくりそのまま、人生に当てはめても同じことだ。目標がないとプランが立てられない。逆に目標があれば、先の例であげたダイエットのように目標から逆算していくことで、やるべきことが見えてくる。そして、プランを実行していくなかで、自分は正しい方向に進んでいるのか、どれくらい進んでいるのかも把握できるようになる。

では、ここで聞きたい。あなたの人生の目標は明確になっているだろうか？　がむしゃらにがんばっているだけの人が多いんじゃないか？　「覚えていたら役立ちそうだから」と、なんとなく英語や中国語、プログラミングを勉強している人はいないだろうか。

「なんとなく英語をやる」よりも、「外資系企業に転職したいから、2年後までにTOEIC900点を目指す」といった明確な目標を持つべきだ。無意味とは言わないが、目標が明確でないと筋トレ同様、時間を無駄にしてしまうかもしれない。それに、目標が明確であればあるほど、目標達成のためのプランも、よりよいものができあがる。目標が見えていれば、モチベーション維持にもつながる。

目標がないということは、ゴールがわからないのにマラソンを続けるようなもの。やっとゴールがわかったときには、正反対の方向に走っていたという可能性もある。そんなのは時間の無駄だ。まずはゴールをしっかりと決めること。

筋トレを始めるときに目標を設定するように、人生の目標も明確に決めてしまおう。

実感が湧かない人、まだしっくり来ない人は、とりあえず筋トレをやってみてくれ。「目標を立てること」の重要性が深く理解できるはずだ。そして、この経験はあなたの人生で必ず役に立つ。

人生は短い。どこを目指しているのかわからない状態で時間を無駄にする余裕はないぞ。

よし、ポジティブなマインドで目標を考え直すために、とりあえずジムへ行って筋トレしてスッキリしてこようか。

情報は武器である

行動を開始する前に徹底的に情報を集めることが勝利への近道である

俺が筋トレを始める際、めちゃめちゃこだわったものがある。それが〝リサーチ〟だ。

筋トレは科学だ。科学的に証明された数多くのメソッドがたくさんあり、それらに従ってトレーニングすれば確実に成長できる。そして、それらの情報は惜《お》しげもなくインターネットで無料公開されているのが現代だ。無駄な努力をしなくてすむよう、徹底的にリサーチした。そして、目標を達成するために必要なトレーニングメニューやサプリメントを調べ上げた。

例えば、リサーチしていくと「ビッグ３」がトレーニングの王道であることがわかる。前半でも紹介したが、ビッグ３とは、スクワット、デッドリフト、ベンチプレスの総称。これらの種目は「コンパウンド種目」と呼ばれ、ひとつの動作で複数の筋肉を同時に鍛えられる。一度に多くの筋肉を鍛えることができるから効率的なのである。

こうやって**リサーチをしていき、完璧なプランを作り上げる**。これが重要だ。無駄がないことがひとつ。そして、実際に筋トレを続けていくと、思うように結果が出なかったり、数字が伸びなかったりする。そういったときには疑心暗鬼になって「自分のやり方は間違っていたのかな……」と不安になってしまうものだ。そして、不安が原因でやめてしまったりする。

しかし、最初のリサーチを徹底的に行っていれば、無駄に焦ったり不安になることはない。自分の作り上げたプランに揺るぎない自信を持つことで、努力半《なか》ばにして中途半端にやめてしまうなんて最悪の状況は回避できる。**徹底的なリサーチは、心に生じる迷いを消し去り、プランを実行、継続する強い助けになってくれ**

るのだ。

リサーチするときは「自分のやり方は間違っているのかな？」と疑いようがないくらいまで徹底的にやっておくこと。そして、やりはじめたら、ある程度の期間は振り返らずにやり抜くことが鉄則だ。

リサーチ不足が原因のエラーは悪である

これを人生にも当てはめてみる。例えば、会社役員になることが目標なら、役員になるにはどんな方法があるのか？　今働いている会社の出世競争で勝ち残るのか、それは現実的なのか？　現実的でない場合は起業するのか？　起業するには資金がいくら必要なのか？　とリサーチしていく。

年収1000万円が目標なら、1000万円稼げる職種は何なのか？　どんなスキルが必要なのか、調べれば見えてくるものがある。TOEIC800点が目標なら、どんな勉強の方法があるのか、それは続けられそうか、費用はいくらかかるのか、期間はどれくらいかかりそうか……こうやって自分に必要な情報を徹底的に洗い出していく。

自分が納得するまでリサーチを行えば、あとは黙々と努力を続けていくだけ。気楽なものだ。辛いときやくじけてしまいそうなときも、自分を信じて続けられる。反対に、リサーチをおろそかにすると、間違った方向に努力してしまう可能性もあるし、結果が出なくなった途端《とたん》に不安になってしまう。**リサーチの有無で結果に大きな差が生まれる**ことがわかってもらえただろうか？

普通の人からすれば「ここまでやらなくても……」と思うくらい、こだわってみてくれ。限られた時間のなかで、無駄な努力をしている暇はない。世の中には「トライアルアンドエラー」という考え方もある。もちろん、やってみて初めてわかることもあるが、何も考えずにトライアルアンドエラーをするのは利口とは言えない。リサーチした上でのエラーなら学びがあるが、リサーチすれば回避できるエラーをしていてはただのアホだ。

一度、筋トレでリサーチの大切さを身をもって体感してみるといい。あとはそれを人生に当てはめるだけだ。

さて、入会するジムはコナミスポーツクラブ？　エニタイムフィットネス？　それともゴールドジム？

緊張しない唯一の方法は圧倒的な努力

緊張は力で捻じ伏せられる

すぐに緊張してしまうと悩んでいる人は多いのではないだろうか？　「最大の見せ場なのに緊張して結果が出せなかった」「いつも緊張ばかりして肝心なところで本来の力が出ない」……そんな悩みを持つ人はそこらじゅうにいるはずだ。俺も昔はそうだったが、今ではすっかり克服できている。それはある気づきを得たからだ。

具体的に言えば、**実力を発揮できないのは、ひとえに実力がないから**ということ。もっと言うと、「実力がある」と思えるほどの圧倒的な努力が足りていないからだということを痛感したからだ。

多くの人が勘違いしているが、**本番は当日ではなく、当日までの努力の日々である**。当日までの努力が足りていなければ、当日は不安だし緊張だってする。だが、当日までの努力がきちんとできていれば、緊張する必要などどこにもない。できるとわかっていることを披露《ひろう》するのに、緊張する必要なんてあるか？　ないよな。

ボディビルを例にして解説しよう。一見、ステージ上でのパフォーマンスが勝敗を決めるような気がするボディビル。しかし、ボディビルほど試合前に勝敗がついている競技はない。勝敗は、半年前、1年前からの過ごし方ですでに決まっている。

もちろん、ステージ上でのポージングや当日に合わせたコンディション作り（水分や炭水化物量、塩分調整）も大事な要素だ。しかし、それらを差し置いても、試合当日までにどれだけ最高の状態に体を仕上げておくか、ここが肝になる。

試合当日のステージはあくまで仕上がった体をディスプレイする場にすぎず、ボディビルの本番は試合当日ではなく、試合までの血のにじむような努力の日々なのである。きちんと努力してきた選手は堂々としているし、ステージ上を楽しんでいる。逆に努力不足を自分自身でわかっている選手は、どこか表情が固く緊張気味だ。

努力が足りていないから緊張する

何事においても圧倒的な努力をしておくことが、勝敗を決める鍵となる。ボディビルが教えてくれるこの真理は、人生にもそのまま当てはまる。

例えば、仕事上プレゼンをしなければならないとき。プレゼンの直前に緊張したり、焦ってしまう人は多いだろう。だが、その原因のほとんどは、知識や資料、リハーサルの不足だ。要は、圧倒的な努力が足りていない。

もちろん、場数をこなすことも大事だが、死ぬほど準備して「これなら１００％できる」とあらかじめわかっていたら緊張するわけがない。「できるかな……どうかな……」と思うから緊張するのだ。プレゼンも、ボディビルと同じように、その結果なんてプレゼン前に決まっているのだ。プレゼンが仕上がっていないから無駄に緊張するのだ。

冒頭でも言ったが、かく言う俺も昔は緊張するタイプだった。高校から大学卒業までを過ごしたアメリカでは、大量のプレゼンが待ち受けており、これが悩みの種だった。もちろん、プレゼンは英語で行う。緊張で何度も吐きそうになったし、むしろ何回か吐いた（笑）。そんな状況が続いていたので、「自分の実力が発揮できないのは、緊張しやすい性格のせいだ」と思い込んでいた。だが、それは間違いだった。

プレゼン前に徹底的に準備し、練習を繰り返し、できるようになったら、友だちひとりの前でプレゼンし、次に3人、次に5人と人数を増やし、本番のプレゼン前には飽きているくらい練習した。すると、緊張が消えたのだ。**圧倒的な努力をすることで、絶対に解決できないと思っていた緊張症がいとも簡単に消えた**のだ。

俺の結論はこうだ。「緊張するのは、ただ単に努力が足りていないから」（もちろんそうじゃないケースもある）。だって、できるとわかっていることを披露するのに緊張しないでしょ？　人前で歩くのに緊張しますかって話。

筋トレは、当日が本番ではなく、当日までの努力の日々が本番であることを教えてくれる。緊張しがちで悩んでいる人、勝負に勝ちたい人は、筋トレを通してこの真理を体感してみてくれ。

筋肉同様、本番で緊張抜きに発揮できる真の実力は、日々の努力によってのみ作り上げられる。仕上がっていない体に当日何をしても、腹筋は割れないし腕が太くならないのと同様、ありもしない実力に当日いくら小細工を加えたところで意味はない。それを緊張のせいにしてしまえばそこで終わりだ。**努力不足と認識し、圧倒的努力を重ね、次回は捻じ伏せる**のだ。

言い訳は何も生まない

言い訳する暇があったら改善するために行動する

今の自分に1㎜も不満がない人なんていない。「親が金持ちだったらな」とか「あの会社にコネがあればな」「自分の生活が苦しいのは政治のせいだ」などなど、不満を挙げだしたらキリがないだろう。

筋トレだってそうだ。「もう少し身長が高ければ……」とか「自分はなぜ太りやすい体質なのか……」と思うこともあるだろう。体質的に筋肉がつきにくい人もいるし、つきやすい人もいる。

だが、ないものねだりや不平不満を言っても状況は何も変わらない。いくら騒ごうが、喚《わめ》こうが、事態は何も改善しない。**言い訳をやめ、置かれた状況でできる**

最大の努力をする。理想の体を手に入れたければ、あなたはあなたの体質と向き合って黙々と筋トレと食事制限をしていくしかない。そうしていれば、あなたは必ず理想の体を手に入れられるだろう。言い訳はあなたを前に進めてくれない。努力だけがあなたを前に進めてくれるのだ。

先にも言ったが、ボディビルダーの世界では身長が低いほうが、高身長で手足が長い人よりも有利だったりする。人間は今ある武器で戦っていくしかないし、**一見不利に思える特徴や状況も、見方によっては強力な武器になる**ことがあるわけだ。

実際に、体重が60kgにも満たず、コンプレックスをバネにしてボディビルダーになった実例なんて山ほどある。彼らは、体型や体質を言い訳にせず、日々の努力によってコンプレックスを強みに変えてきた。

結果を出す人間に共通して言えるのは、確実に死ぬほど努力しているということだ。

とにかく、彼、彼女らは自分のコンプレックスや置かれた状況に甘んじることはない。逆境をものともせず、言い訳することなく努力している。あなたも、「逆境から勝ち上がる自分、めっちゃカッコいい」とか思って、その悔《くや》しさをバネに大ジャンプすればよい。

人生だってそうだ。

もしあなたの実家が大金持ちなら、人生は順風満帆《じゅんぷうまんぱん》だったかもしれない。もしあなたが容姿端麗《ようしたんれい》なら、モテまくって楽しい人生になっていたかもしれない。でも、実際にそうじゃないのなら、目の前の現実に真っ正面から向き合わないといけない。

人生は今ある手札でどうにかするしかない

ここでひとつ質問がある。トランプの「大富豪」をやるとき、配られたあなたの手札がめちゃめちゃ弱かったとしよう。このときあなたは不平不満を言うだろうか。言わないよな？　そのときは一発逆転で革命を狙うなり、コツコツ攻めるなり、配られたカードでどうにかしようとする。とりあえず大貧民になることは避けて、次のゲームで富豪や大富豪を目指そうとする人もいるだろう。

人生なんて、カードを配られたあとに始まるゲームのようなもの。しかも生まれた時点で強制フルベット状態だ。

カードゲームと同じで、最初から手札が強い人もいれば、そうじゃない人もいる。不公平は当たり前だ。だからといって、「こんなのオカシイ！」と文句を言っても変わらない。人生もトランプと一緒で、状況を少しでも好転させるには、今ある手札でどうにかするしかない。人生はカードゲームよりはるかに長い。いくらでもひっくり返すチャンスはある。

ボディビルダーたちは、身体的特徴を言い訳にすることなく、持って生まれた己《おのれ》の肉体を鍛錬《たんれん》によって磨き上げる。腕が太い人、脚が太い人、背中が広い人、人それぞれまったく違うシェイプだが、磨き上げられた肉体はみんな違って最高にカッコいい。

あなたの人生だってあなただけのユニークなものだ。**磨き上げれば必ず輝きを放つ。**

人生を諦めるな。腐るな。他人と比べるな。言い訳せずに究極の人生を己の手で作り上げてみろ。言い訳してたら何も始まらねえ。

時間を無駄にしてはいけない

時間は誰しもが持つ最も貴重な資産である。有効活用せよ

筋トレをしていると、時間の貴重さを痛感する。

ただでさえ忙しい日常なのに、そこに筋トレの時間を入れるのだから、「とにかく時間が足りない！」と思うようになる。それが時間の貴重さが増すひとつめの理由。

そして、筋トレをやってみると「時間の価値」について、あらためてわかることがある。1回の筋トレには約1時間かかるのだが、たった1時間の筋トレで健康な体を保つことができ、ストレス解消になり、気分も上がる。肉体は進化し、その上めちゃくちゃ楽しい。本1冊余裕で書けるくらいのメリットを得ることができる。

たったの1時間だが、されど1時間。ただなんとなく過ごしていたら、あっという

間に過ぎていってしまうような時間でも、筋トレのように有意義に使うことができる。

こうやって筋トレを通して時間の貴重さがわかれば、普段の生活でダラダラと無駄に過ごす時間が消えていく。**時間を無駄に過ごすことに嫌悪感、恐怖心すら生まれてくる**だろう。


余談だが、筋トレと時間との関係と言えば、自宅での自重トレーニングや通勤中の〝ながらトレーニング〟に励む人がいる。そのスピリットは立派だが、効率から言うとジムに行ったほうが断然いい。**ジムで1時間思い切り筋トレしたほうが、圧倒的に効率がいい**からだ（もちろん、どうしてもジムに通えない場合は、ながらトレーニングは最高のチョイスだ！）。

ジムに行けば、ダンベルやバーベル、マシンを駆使《くし》し、強い負荷《ふか》をかけてトレーニングできる。長期的な目で見ると、確実で大きなリターンが望めるのがジムでのトレーニングなのだ。

目先の時間節約のために、確実で大きなリターンを逃すのはもったいないと思わないか？　時間は資産だ。有効に投資しなければいけない。

人生に置き換えて考えてみよう。

例えばランチタイム。筋トレと同じ1時間だが、ダラダラと無駄に過ごしていないだろうか？　きっと、多くのビジネスパーソンが外にランチを食べに行ったり、コンビニに弁当を買いに行くはずだ。でも、ランチタイムは猛烈に混むので、食事を終えるまでになんだかんだで30～40分くらいかかってしまう。食後はコーヒーでも飲みながら、スマホでゲームといったところか。

俺は忙しい生活のなかで、筋トレのための1時間をどう捻出するか、ここに全神経を注いでいる。すると、一般的なランチタイムの過ごし方では時間が惜しいと思ってしまうのだ。

まあ、ランチタイムに筋トレしろとは言わないが、筋トレがひとつの「ものさし」となり、時間の貴重さをあなたに教えてくれる。携帯をダラダラいじっていても1時間、家でゴロゴロ過ごすのも1時間。その時間があれば、英単語が何個覚えられるだろうか？　筋トレでどれほどのメリットが得られるだろうか？

そう考えれば、時間に対する意識が高まり、時間を無駄にできなくなってくる。

努力にかけた時間は裏切らない

人生は短い。時間を浪費している暇なんてない。これから成功をつかもうとする人ほど、限られた時間を自分自身に投資しないといけない。資格や語学の勉強をして自分の実力を高めるなり、筋トレして全方位で役立つ最強スペックを身につけるなりしていかないと、あなたの〝人材市場における価値〟は上がっていかない。それはつまり、年収や役職が上がっていかないということである。

もちろん年収や肩書がすべてではない。だが、俺たちは泣こうが喚こうが資本主義社会の住人だ。金を稼ぐことからは逃げるべきじゃないというのが俺の意見だ。

努力にかけた時間の量は決して裏切らない。1日は24時間、全人類平等だ。その24

時間の中で最も効率的な生活スタイルを確立し、ダラダラして何も生まない時間を排除し、時間を有効に投資したものが勝ち名乗りをあげる。

１時間１時間を大切に生きるのだ。

そんな気づきを筋トレは教えてくれる。筋トレはいつ義務教育になるのか？　ちょっと文部科学省に電話して聞いてみる。

実践編

成長とは限界を突破するということ

ワンモアレップの精神が、あなたの人生を飛躍的に成長させる

負荷を大きくしていかないと、筋肉の成長は止まる。これを「過負荷（オーバーロード）の原理」と言う。簡単に言うと、筋肉を成長させたいなら楽々とこなせるトレーニングを続けていてはダメということだ。

「もう無理だ……」と限界を感じてから、さらにもう1回挙げることができるのかどうか、ここが成長するかしないかの分かれ目なのだ。**筋肉はストレス（刺激）に適応して成長する。**つまり、ストレスの強度をどんどん上げていかなければ、成長は止まってしまうのだ。

筋トレ用語に「レップ」というものがある。これは「回数」という意味で、「腹筋を10レップ、3セット」なら、腹筋10回×3セットということになる。10レップやって「もう限界」と思ったとしても、もしあなたが筋肉を大きくしたいなら、もう1レップ挙げる必要がある。限界を突破しないといけないのだ。

限界を突破して初めて筋肉に、「新しいストレスだ。次回は耐えられるように成長しなくては」というシグナルを送ることができる。俺はこの最後のもう一押しを、「ワンモアレップの精神」と呼んでいる。**このワンモアレップができるかどうかが、あなたが成長できるかどうかのカギを握っているのだ。** 限界突破なしに、成長はない。

ちなみに、MAX重量やレップ数を永久に増やし続けることは不可能なので、重量、レップ数、セット回数、挙上《きょじょう》スピード、インターバル時間の短縮、可動域の変化など、さまざまな要因を変えることで、常に筋肉に新しい刺激を送り込むことが成長を続けるカギである。

このワンモアレップの精神は、文字どおり、精神力の勝負である。例えば、ベンチプレス。「もう無理……」という状況では、胸と腕、肩の筋力は限界を迎えているだろう。

このとき、あと1レップ挙げるときの力は、胸筋でも腕力でも肩の力でもない。精神力だ。諦めたいと思っている自分と正面から向き合って、逃げ出さずに取り組むしかない。歯を食いしばって最後の力を振り絞るのだ。ここで**逃げ出さずに限界突破することで、筋肉だけでなく精神力も劇的に成長していく**。そう、ハートもマッチョになれるのだ。筋トレは筋肉だけではなく、精神力も鍛えることができる。

今はハードなことも、楽勝でこなせるようになる

これは人生にも当てはまる。辛くて逃げ出したいとき、「もう無理……」と思うときは誰にだってあるだろう。それがまさに筋トレで言う最後の1レップを挙げるかど

うかのタイミングだ。

仕事のプレッシャーに押し潰されそうで逃げ出したいとき、「今日は疲れたから……」と毎日やると決めた資格の勉強をサボろうかどうか迷うとき、もうひと踏ん張りできるかどうか。ここであなたの真価と進化が問われる。というか、ここからが本番なのである（とは言え、無理しすぎると心身を壊してしまうかもしれないので無謀な無理はやめましょう。これは筋トレでも同じです。だからこそ、ツーモアレップでもテンモアレップでもなく、ワンモアレップの精神なのです）。

限界を突破すること、ワンモアレップの精神で踏ん張ることができれば、まわりの人間とどんどん差がついていく。取引先やビジネスパートナーへの気遣いなら、「え、ここまで気遣いする必要ある⁉」という細部にまでこだわりまくる。そこまでしてはじめて、相手に感動を与えられる。

資料作りだってそうだ。細かい部分にこだわることで、他の人と差をつけることができる。それができなければ大勢のなかに埋もれておしまいだ。**他人との差をつ**

ける最後の一押しこそが、筋トレで言う最後の1レップなのである。すべての分野でワンモアレップするのである。

まあ、考えてみたら当たり前のことだ。ずっと平常運転を続けていれば、それ相応の人生を生きることになる。ぬるま湯の状態から飛び出て、自分を追い込むことで初めて成長できる。

難しいように思えるかもしれないが、一度限界を突破すればこっちのもの。筋トレで言えば、「こんなの無理！」と怖気《おじけ》づいていた重量が、いつのまにかウォームアップで楽々挙げられる重量になっているように、ワンモアレップの精神で生きていれば、今はハードに感じることも、そのうち楽勝でこなせるようになってくる。

大事なのは、**すべての分野で少しやりすぎること**。ワンモアレップの精神で、ちょっとずつ背伸びし続けるんだ！　辛くなってからが本番だ。辛いときは思い出せ。ベンチプレス、スクワットのラストレップを思い出すんだ。人生でも気合いの追い込みを見せて、圧倒的成長を遂げるのだ。

成長に痛みはつきものである

成長と痛みはセットである。痛みに慣れろ

ひとつ前のテーマで、圧倒的な筋肉の成長には、限界突破やワンモアレップの精神が必要だと言った。限界を超えると筋肉がどうなるかご存じだろうか？　そう、みんな大好き筋肉痛である。

筋肉痛は、**成長に痛みはつきものというこの世の真理**を実にわかりやすく伝えてくれる（筋肉痛は必ずしも筋肥大の指標になるわけではないなどと細かいことを言うのは禁止）。人生で苦しいときは思い出してほしい。苦しみと痛みは成長に不可欠であり、苦しみと痛みの先には成長が待っているということを。

成長に必ず痛みが伴《ともな》うのであれば、痛みを楽しむしかない。痛みなんて楽しめない

って？　それは間違いだ。思い出してくれ。筋トレした後の筋肉痛はめちゃくちゃ心地よいだろう？　筋肉痛がないと、なんだか成長していない気がして、逆に不安になってくるくらいだ。

人生で苦しいとき、辛いときも筋肉痛同様、「おっしゃ、成長している証だ！」と喜んで乗り切っちまえ。

筋肉が同じ負荷では傷つかなくなるのと同様、心も苦しみを乗り越えれば乗り越えるほど強くなる。そして、筋肉が増えてあなたの体に残り続けるのと同様に、**過去に乗り越えた苦しみはあなたのなかに誇りと自信として残り続ける**。その誇りが、さらなる苦しみが訪れたときの糧《かて》となるのだ。

「過去に乗り越えたあれと比べたら、今回の苦しみなんて楽勝だよ」とあなたは超タフになっていくのだ。心は、筋肉同様に鍛えられるのである（もちろん限度はあるので、過度な無理は御法度《ごはっと》である！）。

ただし、気をつけてほしいこともある。成長に痛みはつきものだが、その〝痛み〟には良い痛みと悪い痛みの2種類あるということだ。ここまで言ったのは良い痛みだ。しかし、悪い痛みもある。筋トレで言えば、間違ったフォームでトレーニングしたことによる痛みは悪い痛みである。間違ったフォームで筋トレを続けていると、思うような効果を得られないどころか、最悪の場合、怪我《けが》につながることもある。実際、我流でトレーニングをしている人は、その間違ったフォームのせいで腰や肩、関節などを痛めてしまうことがある。

言うまでもなく、その経験は必要のない痛みであり辛さだ。ここをきちんと見極めないと、大きな怪我につながるリスクになる。痛けりゃなんでもいいってもんじゃない。

最後の「追い込み」ができる人間が勝ち残る

では人生に当てはめてみよう。筋肉と同様に、あなた自身が成長するには痛みは避けて通れない。仕事なら、大きなプロジェクトの前に超ハードワークを強《し》いられることもあるだろう。その作業が自分のスキルアップにつながったり、やりがいがあるなら、これは良い痛み。いい意味での「追い込み」となる。

また、仕事のあとに、めちゃめちゃ疲れているけど、毎日やると決めている英語の勉強を踏ん張ってやるのも良い痛みだ。この辛さや痛みに耐えるからこそ、目標を達成することができるし、成功をつかむことができる。仕事なら、人より多くお金をもらえるし、より上の役職につくことができる。

必要な痛みがある一方で、人生にも不要な痛みがある。例えば、残業代を払わないような会社でサービス残業をしたり、パワハラ上司に罵倒《ばとう》されながらがんばること。それらの辛さや苦しみが成長に一役買うことはない。**間違ったフォームの筋トレで体を痛めるのと同様、間違った辛さや苦しみは体や精神の崩壊につながる。**

成長のための辛さや苦しみと、破滅へと続く辛さや苦しみ、その見極めが大切だ。その見極め力を鍛えるには、筋トレが一番だ。筋トレを通してあらかじめ良い痛みと悪い痛みがあることを経験しておけば理解が深まる。

そして、あなたがギリギリまで追い込まれているときは、まわりの人間も同じ状況であることを覚えておいてほしい。辛いのはみんな同じだ。ここで踏ん張った人間が勝ち残っていくことになる。

その瞬間は苦しいが、「凡人はここでくじけるが、自分は違う！」「ここを超えられる人は自分以外にいないだろ！」と自分を鼓舞《こぶ》し生き残ってみせろ。日ごろから筋トレで最後の追い込みの精神力を鍛えておけば楽勝だ。スクワット以上に辛いことなんて人生にそうそうない。そう考えると人生なんて楽勝だ、楽勝。

成長は快感である

努力は苦しいものじゃない、楽しいものだ

ここまで「限界を突破する」とか「成長には痛みがつきもの」と言ってきたから、努力して成長することに対して悪いイメージを与えてしまったかもしれない。

だが、安心してくれ。努力は時に苦しいが、筋トレで学べるのはそれだけじゃない。**苦しみの先には、確かな成長が待っている。**そして、その成長を実感すると、最高の「快感」を感じることができるんだ。

例えば、辛く苦しく楽しい筋トレの翌日には筋肉痛がやってくる。筋肉痛は痛くて厄介なのだが、それと同時によいトレーニングができた証拠でもある。筋肉痛によっ

て、自分の成長を実感できるのだ。痛さはあるが、それと同時になんとも言えない充実感と快感がやってくる。

さらに、筋トレをやっていると外見がみるみるうちに変わってくるので、周囲の人間からも気づかれ、褒められるようになる。自分で自分の成長に気づくだけでも嬉しいのに、人から褒められて嬉しくないわけがない。

こうして努力の末に何らかの成長を遂げる経験を何度も積んでいくうちに、**あなたは成長の虜となる**。

成長の快感を、身をもって体感するには筋トレが最適だ。筋トレほどわかりやすくあなたを成長させてくれるものはないだろう。さっきも言ったように、自分自身の感覚で成長が実感できるし、実際に見た目が変わっていく。さらに、扱えるダンベルやバーベルの重量が変わってくる。実はここが重要なのだ。

筋肉量や体脂肪率でもそうだが、「数字」で明確に成長を実感できる。70kgしか挙げられなかったベンチプレスが、72・5kgになっていたら立派な成長だ。

これがＴＯＥＩＣや仕事だと、なかなかそうはいかない。出題傾向や運次第のところもあるからだ。実際は英語力や仕事力が伸びていても、きちんと測ることができない可能性もある。だがしかし、筋肉はいついかなるときも嘘をつかない。

成長の快感は病みつきになる

この成長の快感は、一度その味をしめたら病みつきになる。そして、人生でめちゃめちゃ役立つ。というのも、筋トレを通して成長の快感を学んでおけば、今後の人生の過ごし方がガラリと変わるからだ。

英語であれ仕事であれ、がんばっていても時に成長を感じられないことがあるだろう。だが、成長するには続けるしかない。

そこで、筋トレによって「苦しみの先に成長の快感がある」ことを知っていれば、その苦しみさえも楽しめるようになる。いつでも上を目指そうという上昇思考になるのだ。

しかも、その確かな成長の実感が原動力となり、さらなる成長を得ようとする。一種の成長中毒とも呼べる状態になるわけだ。こればっかりはいくら言葉で説明しても伝えることはできない。とにかく実際にやってみてくれ。**成長の快感の味を覚えたら、努力が楽しくて楽しくて仕方がなくなってくるぞ。**

だからこそ、この経験の有無は、あなたの人生で大きなターニングポイントとなる。今あなたの前には、分かれ道がある。片方は平坦《へいたん》で楽な道のりだが、いくら進んでも成長がない道。もうひとつは、急な坂道で最初は苦しい。しかし、その坂を上り切った先には「成長」という見たこともない絶景が広がっている道。どちらを選ぶかはあなた次第だ。

スランプ編

スランプは必ずやってくる

焦るな、努力とスランプはセットだ

筋トレを始めたばかりの頃は、面白いように成長していく。ベンチプレスなら挙げられる重量はガンガン上がるし、筋肉もガツンとついてくる。しかし、しばらく続けていると、思うように成長しなくなる。別にトレーニングをサボっているわけでも、手を抜いているわけでもないのに、である。筋肉界ではこれを〝停滞期〟と呼ぶ。停滞期、そう、いわゆる〝スランプ〟というやつである。

ダイエットでも同じだ。初めのうちは一気に体重が減っても、次第に減りづらくなり、しまいには体重がまったく減らなくなってしまう。こんな経験をした人は多いだろう。

どんなに完璧なプランを練っても、スランプはあなたの前に必ず立ちはだかる。この〝スランプは必ず立ちはだかる〟というのがポイントだ。スランプに陥ると焦ったりモチベーションが下がり、やめてしまう人がいる。それじゃあもったいない。スランプは必ず立ちはだかるのだから、焦る必要もモチベーションを奪われる必要もまったくない。最初から計画に入れておくくらいでちょうどいいのだ。

スランプに陥ってしまったとき、「やってらんねーよ」と思う気持ちはわかる。だが、憎まれがちなスランプが、〝ブレイクスルー〟の一歩手前であるということはあまり知られていない。ブレイクスルーとは「障壁となっていたものを突破する」という意味で使われるが、〝飛躍的な成長〟という意味でもある。ブレイクスルーの存在さえわかっていれば、スランプ中でも迷いがなくなる。

「もうやめようかな」と思ってしまうのは、ブレイクスルーの存在を信じられないことが原因だ。ブレイクスルーを一度経験し存在を知ってしまえば、スランプなんて楽勝で乗り越えられるのだ。

スランプを乗り越える唯一の方法、それは続けることに他ならない。地道で泥臭《どろくさ》いが、とにかく続けるしかない。地道に続けていれば、ブレイクスルーは突然訪れる（もちろん、リサーチ済みの正しい努力をしていると仮定した場合。そうでない場合は、努力の仕方を見直してみるのも有効）。

壁にぶち当たれるのは壁までたどり着けた者だけ

スランプは、筋トレやダイエットだけで起きるわけではない。どんなジャンルでもスランプが待っているので、長い人生のなかで何度も出くわすだろう。

英語の勉強をがんばって続けていたのに、急に点数が上がらなくなった。毎日終電ギリギリまで仕事をがんばっているのに、成績が思うように上がらない……。努力をしていればスランプは必ず訪れる。

そんなときは筋トレやダイエットでブレイクスルーした経験を思い出すんだ。ベンチプレスの記録が３カ月間まったく伸びない……と思っていたら４カ月めから面白いように急に伸びだすなんて経験は、筋トレをしていれば誰もが通る道だ。

体重が２週間ピタリと動かない……と思いきや、一気にストンと落ちたなんて経験をしたことがある人も多いだろう。そう、筋トレやダイエットで一度スランプとブレイクスルーのセットを経験してしまえば、人生でスランプに陥っても落ち着いて対応できるのだ。むしろ、**ブレイクスルーが楽しみで、スランプを楽しめるようになる**だろう。

スランプはよく「壁にぶち当たる」と表現される。筋トレでもダイエットでも、ある程度進んだときにだけスランプは訪れるだろう？　そもそも壁にぶち当たれるのは、その壁までたどり着けた者だけであることを覚えておいてほしい。壁にぶち当たるということは、あなたが着実に前に進んでいる証拠でもあるのだ。

つまり、スランプは喜ばしい。より大きな成長へのカウントダウンなのだ。ハワイ旅行の前に入国審査で待たされているんだと思えばいい。

人生でスランプに陥ったら、まずはそこまで来れた自分を褒めてあげよう。そして、筋トレやダイエットでブレイクスルーした経験を思い出せ。あとは、ブレイクスルーを信じて努力を続けるだけ。安心しろ。**打ち破れない壁など存在しない。**ぶち壊せ。

成長を続けるためのテクニックが存在する

努力のテクニックを筋トレから学べ！

スランプを一度経験すると、再度スランプに陥っても落ち着いて対応でき、すぐに投げ出さなくなる。ここまでは先ほどお伝えしたとおりだが、実はスランプに関してもうひとつ伝えなければならないことがある。

スランプに陥ったときは「続けるしかない」と言った。だが時に、忍耐強く続けるだけでは超えられない壁が出現することもある。そこで紹介したいのが、何をやっても超えられない頑固な停滞期を打破するためのテクニックである。

筋トレを例にとって見てみよう。筋トレでスランプに陥ってしまうひとつの原因として、**「オーバーワーク」になっている可能性がある**。ものすごくざっくり言うと、「やりすぎ、追い込みすぎ」ということだ。

筋トレは、がむしゃらにやって追い込めばいいわけじゃない。筋肉が回復するスピードを超える勢いでトレーニングを続けていると、体は弱まっていくばかりだ。このようなオーバーワークになった場合に必要なのは、オフを取ること。**一度休んで、蓄積した疲労を回復させてから筋トレを再開する**ことが鉄則だ。

また、筋肉は同じ刺激ばかりを与え続けていると、思うような成長ができなくなる。その場合は刺激を変えてあげることが有効だ。同じベンチプレスをするにしても、レップ数やセット数を変えてみるだけで刺激は変わる。

ダイエットで停滞期に陥った人は多いと思う。ダイエットの原則は、消費カロリーが摂取カロリーを上回るようにすることである。しかし、低カロリー状態が続くと、人間の体はその状況に順応しようとする。具体的には、体が省エネモードに切り替わり、カロリー消費をセーブするのだ。

そんなときに有効なのは、1日だけ摂取カロリーを500kcalほど増やすことだったりする。省エネモードになっていた体に十分な栄養を与え、元の状態に戻してあげるのだ。この手法はチートデイと呼ばれているが、聞いたことがある人も多いだろう。ちなみに、チートデイは代謝云々の前に精神的サポートの意味合いが大きい。

余談になるが、チートデイだからと言って、一日中好きなものを食べるのはオススメしないぞ。普段よりちょっと多めに食べるぐらいに留めよう。

オーバーワークで結果が出ない状態に気づけるか

さて、筋トレやダイエットをやってみれば、スランプに陥り、そのスランプをテクニックによって脱するという一連の流れが経験できる。そしてこの経験は、人生でも大いに役立つ。

仕事をがんばっているのに、思うように結果が出ない状況がいつかやってくるだろう。実はそのとき、あなたのがんばりが足りないのではなく、筋トレで言うオーバーワーク状態になっているのかもしれない。このとき、筋トレで一連の流れを経験していれば、「あれ？　この状況って筋トレのオーバーワークに似ているかも」と気づくことができる。

当然だが、十分な休養が取れていない状況では、高いパフォーマンスは発揮できない。そういうときは温泉に行ってリフレッシュしてみるとか、思い切って睡眠時間を増やしてみると有効だろう。

普通は、もっとがんばらないとと焦って睡眠時間を削ったり土日出勤してしまうところだが、そんなことをしたら逆効果だ。**筋トレで一度オフ（休息）の重要性を理解していれば、冷静に状況を判断できる**であろう。

スランプはどんな分野にも付き物だ。だが、一度スランプを経験し、それを乗り越えるさまざまなテクニックを経験しておけば、それを人生でも実践することができる。今後の人生でスランプに陥ったとき、オーバーワーク時のオフや、筋トレで言うところの刺激の変化や、ダイエットのチートデイの経験が必ず役に立つ。

こうやって筋トレやダイエットが、人生においてめちゃめちゃ大切なことを教えてくれる。筋トレをして、スランプを経験してみよう。普通に努力していてスランプに陥るのはつまらないが、「スランプに陥ってそれを打破する経験をする」と目的を決めて筋トレを始めれば、スランプに陥った瞬間にガッツポーズだ。スランプを楽しめ。

ライバルは昨日の自分である

他人と比べる必要はない。昨日の自分を超えていけ！

筋トレをするとき、あなたのライバルとなるのは誰か知っているだろうか？　隣でトレーニングしている人？　いや、違う。同僚や友人？　いやいや、違う。確かに彼らもライバルとなるかもしれないが、**真のライバルは、他でもない〝昨日の自分〟である。**

あなたが努力の末に、晴れてベンチプレスを80kg挙げることができたとしよう。しかも、自己ベスト更新だ。満足しながら、ふと隣を見たら100kgを楽々と挙げる人がいたとする。このときあなたは劣等感を感じるべきなのだろうか？　断じてそんなことはない。自分の限界を打ち破った自分を誇らしく思うべきなのだ。
才能も環境も費《つい》やしてきた時間も、何もかも違う相手と自分を比べることに何の意味があるだろうか。筋トレなら、体格も体質も、筋トレしてきた期間すら、まるっきり違う。そんな相手と自分とを比べて一喜一憂《いっきいちゆう》することなんて、はっきり言って無意味である。時間と感情の無駄遣い以外の何ものでもない。あなたが気にすべきことはたったひとつのみ。「どうやったら昨日の自分を超えられるか」、これだけだ。

人生も一緒だ。生まれ育った環境も、努力してきた時間も、才能や適性も全然違う他人と自分を比べても、何の意味もない。自分よりすごいやつを見つけて焦るのも、自分よりできないやつを見つけて優越感に浸《ひた》るのも、どちらも愚行《ぐこう》だ。

それよりも大切なのは、日々確実に成長すること。どうしても超えたいやつがいるとしよう。その目標はいずれにせよ、昨日の自分に勝ち続けることでしか達成できない。

世界で一番になりたいとしよう。その目標は昨日の自分に勝ち続けた延長線上にある。**余計なことは考えず、「昨日の自分を超えるにはどうしたらいいか」だけに集中して生きればいい**のだ。

他人と比べている限り、一生満足できない体質になってしまうことにも気をつけたい。どんな世界にも上には上がいる。他人と比べている限り、あなたの人生に安泰《あんたい》は訪れない。

勝てない戦いではなく、確実に勝てる戦いをしろ！

いいか、他人に負けるのは問題ないが、昨日の自分に負けてはいけない。他人に負けるのは仕方ないが、過去の自分に負けるのは怠慢《たいまん》だ。単なる努力不足。**努力さえすれば過去の自分は確実に超えられる**のだから、これほど格好のライバルはいない。

戦いの鉄則は、勝てない戦いをしないこと。「昨日の自分vs今日の自分」。どうだ、これなら努力さえ怠らなければ確実に勝てる戦いだ。勝ち続けてみろ。気がついたらまわりと圧倒的な差がついていて、自分以外にライバルが見当たらない状況になっているぞ。

よし、とりあえず昨日の自分を超える快感を味わうために筋トレをしようか。挙がらなかった重量が挙げられるようになる快感＝生物としての純粋なパワーが増す快感、半端《はんぱ》じゃないぞ。

成功編

継続のみが力なり

継続抜きの成長、成功はこの世にない

「継続は力なり」とはよく言ったものであるが、継続の重要性はそんな言葉では表せない。「継続のみが力なり」と言ってしまっても過言ではない。

それは筋トレをしているとよくわかる。「よっしゃマッチョになってやる！」と急に思い立ってジムに行き、何時間も筋トレしても、筋肉がガッツリつくことはない。ダイエットもそうで、短期間で体脂肪がガツンと減ることはない。

どちらも効果を体感したければ、継続が絶対条件だ。**日々、絶え間ない努力を**

続け、「習慣」と呼べるレベルになったときに、初めて目に見える形で変わってくる。

ライザップのテレビＣＭを思い出してみてくれ。２カ月間のビフォーアフターを見ると、別人のように体が変化している。仮にこの人が毎日写真を撮り続けたとしよう。１日２日では変化がわずかすぎて、まったく気がつかないはずだ。だが、その積み重ねで、最後は見る者を感動させるほどの劇的な変化を遂げる。目に見えない成長も、積み重ねれば果てしない効果を発揮する好例だ。

人生も同じである。例えば、急にやる気を出して残業しまくることや英語の勉強を何時間もぶっ続けでやることは、本当の意味での努力とは呼ばない。**習慣になるくらいまで続けて、初めてそれを努力と呼ぶ**のだ。継続は成長と成功の絶対条件だ。継続抜きのサクセスストーリーはこの世に存在しないと断言しよう。

一流は努力している意識すらない

あらゆる分野で「一流」と呼ばれる人に成功の秘訣を聞くと、たいていの場合「特別なことはしていない」と答えるだろう。それは謙遜しているわけでも、嘘をついているわけでもない。なぜなら、彼らの成功の秘訣は習慣、つまり日々の生活にこそ隠されており、彼らは努力している意識すらないのだ。多くの人が、とっておきの秘訣や魔法のメソッドを聞きたがる。だが、そんなものは存在しない。**一流は、日々の生活習慣によってのみ作られる**のだ。地味で退屈だろう？　だが、それが紛れもない真実なのだ。人間の行動の40〜50％ほどは習慣によって行われており、習慣というものは毎日毎日積み重なっていく。しかも、習慣は無意識に行われる。つまり、良い習慣を持っているか悪い習慣を持っているかで、無意識のうちに人生に圧倒的な差が生じるというわけである。一流の人間、目指すべき人間を見つけたら、彼らの習慣を完コピせよ。

この世の原則は等価交換だ。決してラクをしようと思ってはいけない。継続以外に成功の道はないし、習慣と呼べるほどに何かを継続しないと、価値のあるものは手に入らない。

どんな一流の才能も、一流の習慣には勝てない。つまり、凡人でも一流の習慣を身につければ、才能に溺《おぼ》れ努力を怠っている天才を打ち破ることができるということだ。ウサギとカメの話ではないが、毎日着実に歩を前に進めていくやつが最後には勝つ。自分を信じてがんばれ。信じる者は救われる？　いや、〝信じて続ける者〟が救われる、だ。

さて、継続することに決めたし、ジムは月契約じゃなくて年契約で結んじゃおっか？　そうしよっか？（Testosterone はどっかのジムの差し金ではありません）

努力は裏切らない

努力が裏切ることは絶対にない

筋トレは絶対に努力を裏切らない。やった分だけ成長があり、少なくとも過去の自分は確実に超えていける。自分自身で気づく実感、まわりの人間も気づく見た目の変化、扱える重量や体組成計でわかる数字など、否が応でも変化に気づくようになる。もう文句なしに成長が感じられるし、努力の楽しさを思う存分満喫《まんきつ》できる。

「努力は裏切る」と思っている人はいないだろうか。そんなことは絶対にない。例えば、100kgのベンチプレス。筋トレに励む人にとって、ひとつの目標となるくらい大きなチャレンジだ。初心者にとってはびくともしない重量である。

しかし、きちんとプランを立て、真面目にコツコツ努力していけば、いずれ必ず達成することができる。達成するどころか、ウォームアップで扱う重量にすらなってしまうのだ。これが筋トレの素晴らしいところだ。何が言いたいかというと、**筋トレは努力さえ続ければ、不可能などないことを教えてくれる**のだ。

「努力は裏切る」と思って何もせず過ごす人と、「努力は裏切らない」と思って努力する人、この2人の運命には天と地ほどの差が出るのは、誰が想像しても明らかだろう。究極的なことを言えば、努力は裏切ると思っている人は絶望とともに人生を生き、努力は裏切らないと思っている人は希望とともに人生を生きるのだ。

努力は裏切ると思っている人は不条理も不幸も仕方がないと受け入れ、努力は裏切らないと思っている人は不条理も不幸も努力によって乗り越えようと希望を捨てず生きるのだ。この差は、想像以上にデカい。

努力の報酬は〝成功〟ではなく〝成長〟

もう少し努力について話そう。覚えておいてほしいが、努力をして得られる本当の報酬は〝成功〟ではない。〝成長〟だ。努力をしても、**「成功」はできないかもしれないが、「成長」は確実に遂げることができる。**

例えば、あなたが何か努力をしたけれど、思うような結果にならなかったとしよう。100が成功だとしたら、実は99まで来ているかもしれない。このとき、努力の結果を「成功か失敗か」の二者択一で捉えてしまうと、99まで行けても単なる失敗に終わってしまう。

結果、99まで来た自分を全否定することになる。でも、それって違うよな？　すでにあなたは当初のあなたとは見違えるような成長を遂げているはずだ。自分の成長を見逃さず、99まで来た自分を褒めてやるのが正解だろう。

筋トレによってひとたび「努力は裏切らない」という真理を得ることができたら、ポジティブなスパイラルが動き出したも同然。何事にも積極的に挑戦できるようになる。**挑戦すれば、成長する。成長すれば、さらにさまざまなことに挑戦する。**最高のスパイラルだ。

超重要なので、繰り返して伝えたい。「努力は裏切る」と思って何もしないで過ごす人と、「努力は裏切らない」と信じて努力する人、この２人の運命は驚くほど変わってくる。

運命なんて筋肉と一緒で自分好みに育て上げるもんだろ？　筋トレして、努力して、運命すらも捻じ曲げようではないか。

筋トレをやる気になったあなたへ

もう「おわりに」とか読まなくていいから、今すぐ筋トレ始めちゃってくれ！　やりたいことがあるときは、後回しにしないですぐに行動に移すのがめちゃくちゃ大切だ！　日々の生活に追われていると、ついついやりたいことを後回しにしてしまいがちだが、実はやりたい気持ちには賞味期限があるのだ！　ほっとくと、せっかくのやる気が腐ってしまうのだ！　だから、やる気が新鮮なうちにやっとけ！

今すぐジムに入会しちゃってもいいし、ジムはハードルが高いって言うなら俺の筋トレアプリ「ＯＷＮ．」をダウンロードして、今すぐこの場で筋トレしちゃってもいい！　勘違いしないでほしいんだけど、このアプリを使ってほしくて筋トレをオススメしてる訳じゃないから！　筋トレをオススメしてたら手軽にできる筋トレを教えてほしいって要望をたくさんもらって、それで作ったのがこのアプリだから！　そこんとこよろしくお願いします！

自分で言うのもなんだが、世界最強の筋トレアプリだから、絶対に後悔はさせないぜ！　使えばわかる！

「OWN.」のダウンロードはこちらから

↓

今スグやろう！

40歳から始める
初心者にオススメの筋トレ①

フルスクワット

①足を肩幅に広げ、爪先を30度開く。
②両腕を前に伸ばしてバランスを取りながら、膝《ひざ》が爪先よりも前に出すぎないようにしつつ、太ももが床と平行になるまで足を曲げる。膝は爪先と同じ方向を向くように。
●回数：10〜20回
（または、限界プラスワンモアレップ！）
●セット数：2〜5セット

P196〜198 イラスト――勝山英幸

今スグやろう!

40歳から始める
初心者にオススメの筋トレ②

ハーフプッシュアップ

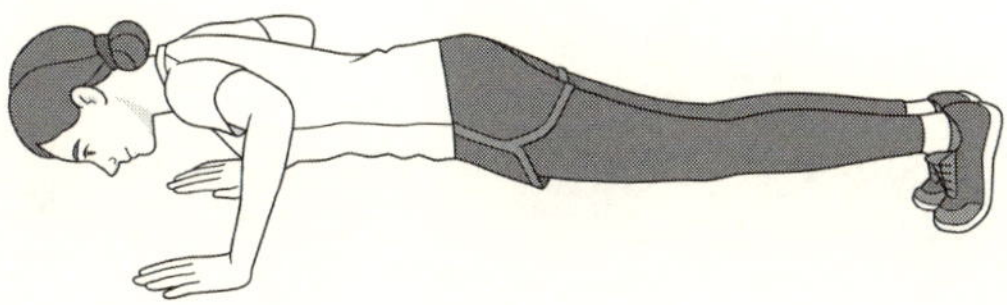

①手を肩幅より少し広めに開いて、腕立て伏せの状態になる。
②肘《ひじ》を90度曲げて、その体勢をしばらく保ってから、元の姿勢に戻す。腕を曲げるときに息を吸い、戻すときに吐く。
●回数：10～20回
（または、限界プラスワンモアレップ！）
●セット数：2～5セット

今スグやろう!

40歳から始める
初心者にオススメの筋トレ③

クランチ

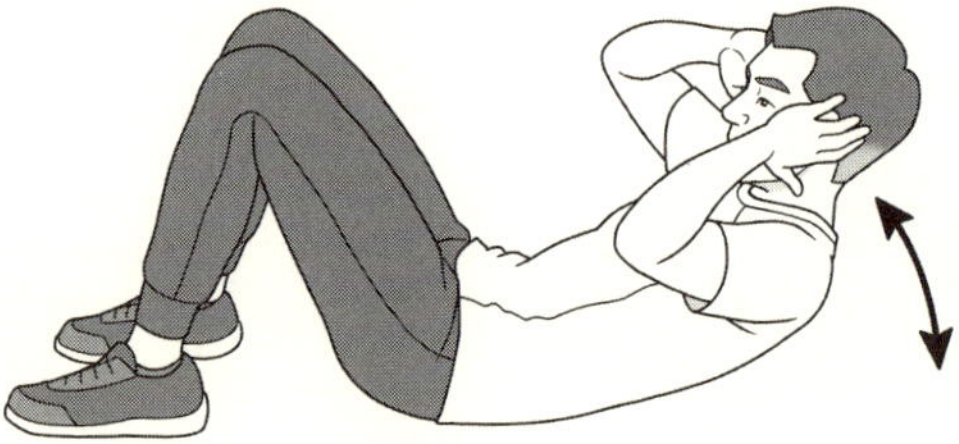

①膝を立てて仰向《あおむ》けに寝転がり、手を耳の横につける。

②体を丸めるように肩と上背部を持ち上げ、一時停止してから、ゆっくりと元の体勢に戻す。体を持ち上げるとき、目線はおへそをのぞき込むようにし、息を吐く。元の体勢に戻すときに息を吸う。

●回数：10～20回

（または、限界プラスワンモアレップ！）

●セット数：2～5セット

おわりに――筋肉の辞書に「遅すぎる」なんて言葉はない

ここまで読んでもまだ筋トレをしないって人がいたら、俺はもう諦める。それくらい片っ端から筋トレの魅力について語り尽くしたと思う。

と見せて、最後にもうひとつだけ言わせてくれ。80歳のおじいちゃんやおばあちゃんたちでも、正しく筋トレをすればちゃんと筋肉がつくことを知っているだろうか？もちろん、若い頃に比べれば筋肉のつきは悪くなる。だが、確実に成長はできるのだ。80歳と言えば人生の終盤、普通は老《お》いていくだけの年齢だ。しかし、筋トレをすればそんな自然の摂理すらも捻じ曲げ、筋肉を成長させることができるのだ。**筋肉の辞書に「遅すぎる」なんて言葉はない**のだ。

人生も同じだ。何かやりたいことがあっても、「いい歳だし」と諦めていることはないか？　気になっていることがあっても、「今さらやるのもな……」と足を踏み出せていないことはないか？　何かを始めるときに遅すぎることなんてない。やりたいことがあるならガマンせずにやっておこう。やらずに後悔する人生よりも、やって反省する人生のほうが絶対に楽しいぞ。だいたい、80歳のご老人ですら筋肉を成長させられるってのに、あなたが挑戦しない理由が見つかるか？

過ぎた時間を今さら惜しんでもしょうがない。中国に「木を植える最もいい時期は20年前だった。次にいい時期は今である」という言葉がある。要は、人生において何を始めるにしろ、ベストタイミングは常に〝今〟ということだ。

さて、そろそろお別れの時間だ。最後にあなたに伝えておきたいことが2つある。まずは、ここまで読んでくれてありがとう。きっとあなたは、筋トレの凄まじさ、そして素晴らしさを感じてくれたと思う。だが、頭でわかるだけでは意味がない。それは、〝わかった気になっている〟だけ。頭でわかるのと、身をもって体感するのとでは天と地ほどの差がある。どうすればいいか？　わかるよな。筋トレだ。

そして、最後に。

もし躊躇しているなら、あなたがやらない理由は何だ？　一歩踏み出せない言い訳は何だ？　「もう歳だ」とか「始めるのが遅すぎる」なんて眠たいことは言うなよ。**やりたいことがあるなら今すぐ始めろ。**もうこの際、筋トレじゃなくてもいい。語学でも、資格習得でも、転職でも、婚活でも、なんでもいいから、今すぐ始めろ。始めないやつに希望はねえ。そして、最後にもう一度断言してやる。遅すぎるなんてことは絶対にない。やっていくぞ！

Testosterone

PHP
Business Shinsho

Testosterone（テストステロン）

1988年に日本で生まれ、高校生のときに渡米し、大学を卒業するまでアメリカンライフを謳歌し、アジアのとある大都市で会社を経営して、現在はアジア全域に生息する筋トレ愛好家。高校時代は110 kgに達する肥満児だったが、筋トレと出会い40 kg近いダイエットに成功する。自分の人生を変えてくれた筋トレと正しい栄養学の知識が広まれば世界はよりよい場所になると信じて筋トレの普及活動に励んでいる。主な著書に「筋トレが最強のソリューションである」シリーズ、『ストレスゼロの生き方』『とにかく休め』（ともに、きずな出版）などがある。

- X（旧Twitter）@badassceo
- YouTube https://www.youtube.com/@TestosteroneOfficial

PHPビジネス新書 479

40代からの筋トレこそ人生を成功に導く

2025年5月2日　第1版第1刷発行

著者　Testosterone
発行者　永田貴之
発行所　株式会社PHP研究所
東京本部　〒135-8137　江東区豊洲5-6-52
ビジネス・教養出版部　☎03-3520-9619（編集）
普及部　☎03-3520-9630（販売）
京都本部　〒601-8411　京都市南区西九条北ノ内町11
PHP INTERFACE　https://www.php.co.jp/
装幀　齋藤　稔（株式会社ジーラム）
組版　石澤義裕
印刷所　大日本印刷株式会社
製本所　東京美術紙工協業組合

ISBN978-4-569-85916-3

「ＰＨＰビジネス新書」発刊にあたって

わからないことがあったら「インターネット」で何でも一発で調べられる時代。本という形でビジネスの知識を提供することに何の意味があるのか……その一つの答えとして「**血の通った実務書**」というコンセプトを提案させていただくのが本シリーズです。

経営知識やスキルといった、誰が語っても同じに思えるものでも、ビジネス界の第一線で活躍する人の語る言葉には、独特の迫力があります。そんな、「**現場を知る人が本音で語る**」知識を、ビジネスのあらゆる分野においてご提供していきたいと思っております。

本シリーズのシンボルマークは、理屈よりも実用性を重んじた古代ローマ人のイメージです。彼らが残した知識のように、本書の内容が永きにわたって皆様のビジネスのお役に立ち続けることを願っております。

二〇〇六年四月

ＰＨＰ研究所

PHPビジネス新書

超一流のコンサルが教える

ロジックツリー入門

羽田康祐　著

「視点力」と「論理力」でロジックツリーを徹底活用。問題発見、原因究明から、マネジメント、創造性まで、７つのスキルが向上する！

PHPビジネス新書

超一流のコンサルが教える

クリティカルシンキング入門

吉澤準特 著

「そのロジックは正しいか」を、「前提」「仮定」「結論」の3点だけで即座にチェックするフレームワーク「PAC思考」を徹底解説。

PHPビジネス新書

「具体⇅抽象」トレーニング

思考力が飛躍的にアップする29問

細谷　功　著

「具体」と「抽象」を往復することで、発想が豊かになり、コミュニケーション・ギャップも解消！　そんな思考法をクイズとともに紹介。

PHPビジネス新書

メタ思考トレーニング

発想力が飛躍的にアップする34問

細谷　功　著

ベストセラー『地頭力を鍛える』の著者が独自に開発した思考トレーニング問題を、厳選して紹介。楽しく解くだけで、頭がよくなる一冊。